500 Hidden Secrets

VENEDIG

BRUCKMANN

EINLEITUNG

Venedig bietet viele Gründe, es zu lieben. Nehmen Sie zum Beispiel die Geschichte zum Ursprung der Stadt. Die Stadt wurde von Menschen gegründet, die vom Festland geflohen waren, um in der Lagune Schutz vor barbarischen Einfällen zu suchen. Voller Starrsinn vermochten sie es, in dieser feindlichen Landschaft eine neue Heimat zu finden. Es war der Beginn eines der größten Wunderwerke der Menschheit: geboren auf einer Welle der Verzweiflung, angetrieben von einer unbändigen Lust, zu leben. Venedig ist ein in Stein verewigter Ausdruck der Hoffnung.

Am besten lernt man das Wesen einer Stadt kennen, indem man die Bewohner genauer in Augenschein nimmt; nichts könnte wahrer sein für Venedig. Dies ist keine Stadt für träge Menschen. Unaufmerksame Besucher kratzen gerade mal an der Oberfläche. Sie werden zweifellos feststellen, dass Venedig eine majestätische Stadt ist, doch ihr Blick wird dabei zweidimensional bleiben. Achtsameren Besuchern wird die Stadt jedoch gern all ihre Geheimnisse offenbaren. Aus diesem Grund rät Autorin Anna Sardi ihren Lesern, die Geschichte Venedigs genauer zu studieren und ausgetretene Touristenpfade zu verlassen. Wer es wagt, die authentischen Seiten der Stadt zu suchen, wird schnell feststellen, dass davon noch immer viele vorhanden sind. Beschränken Sie sich nicht auf das historische Zentrum und die bekannteren Inseln, sondern erkunden Sie die Reize der gesamten Lagune. Erleben Sie den kulturellen Reichtum der Stadt und plaudern Sie mit den Venezianern – die meisten sind zwar keine großen Fans von Touristen, aber sie schätzen es, wenn ein Besucher sich bemüht, die Seele ihrer Stadt zu ergründen.

Vor allem aber: Stellen Sie anderen und sich selbst Fragen. Venedig ist so beispiellos, dass die Eigenheiten der Stadt dem Besucher helfen werden, auch vertraute Lebenswelten mit neuen Augen zu betrachten.

ÜBER DAS BUCH

Dieser Reiseführer listet 500 wissenswerte Tipps zu Venedig in 100 verschiedenen Kategorien auf. In den meisten Fällen handelt es sich dabei um Orte, deren Besuch lohnenswert ist, sowie um praktische Informationen, die Ihnen dabei helfen sollen, sich in der Stadt zurechtzufinden. Dieses Buch soll in erster Linie inspirieren; Venedig vollständig darzustellen ist nicht das Ziel.

Zu jedem Eintrag sind eine Nummer, die Adresse sowie der jeweilige Stadtteil *(sestiere)* angegeben (zum Beispiel Dorsoduro oder Cannaregio), damit Sie die Orte auf den Karten am Anfang des Buches finden. Suchen Sie zunächst nach der Karte des entsprechenden Stadtteils und anschließend nach der Nummer. Hierzu ein wichtiger Hinweis: Die Karten im Buch sind nicht sehr detailliert – es sind beispielsweise keine Straßennamen vorhanden – und können deshalb nur einen groben Überblick geben. Einen genaueren Stadtplan erhalten Sie aber bei jeder Touristeninformation, im Hotel oder wenn Sie die entsprechende Adresse in Ihr Smartphone eingeben.

Bitte denken Sie auch daran, dass sich eine Stadt wie Venedig ständig verändert – der hochgelobte Chefkoch hat vielleicht ausgerechnet bei Ihrem Besuch einen schlechten Tag. Eine der »5 besten Bars für *cicchetti*« kann am Abend Ihres Besuchs menschenleer sein. Außerdem ist die hier vorgestellte Auswahl natürlich eine sehr persönliche und wird nicht immer mit Ihren eigenen Vorstellungen übereinstimmen. Wenn Sie einen Kommentar hinterlassen, eine Bar empfehlen oder Ihren Lieblingsort verraten wollen, besuchen Sie bitte *www.the500hiddensecrets.com* oder folgen Sie *@500hiddensecrets* auf Facebook oder Instagram und hinterlassen Sie einen Kommentar – dort finden Sie auch kostenlose Tipps und die neuesten Nachrichten zur Buchreihe.

ÜBER DIE AUTORIN

Anna Sardi stammt zwar eigentlich aus Venetien, sie ist jedoch Venezianern aus Leidenschaft. Ihr Studium der Architektur ermöglichte es ihr, die Stadt, die sie so liebt, ein wenig besser zu verstehen. Die größte Unterstützung beim Aufspüren der Geheimnisse von Venedig kam von den vielen Menschen, die sie während des Schreibprozesses für dieses Buch kennenlernen durfte. Sie hofft daher, dass der Reiseführer nicht nur die Geschichten vieler verschiedener Orte erzählen wird, sondern auch die der Menschen. Deshalb an dieser Stelle ein paar Worte des Dankes:

Zunächst einmal möchte Anna Sardi gern ihrer Familie danken, und zwar im Besonderen ihrer Tante Lucia, die sich als erste Testleserin zur Verfügung gestellt hat. Ein herzlicher Dank geht auch an Luca, der sie bei diesem Abenteuer voller Begeisterung und Leidenschaft begleitet hat. Danke an Fausta, die, nachdem sie von dem Projekt gehört hatte, Anna unter ihre Fittiche genommen und durch die Stadt geführt hat. Die vielen Wanderungen und Gespräche haben der Autorin geholfen,

Venedig mit völlig neuen Augen zu sehen und dabei zu erkennen, wie einzigartig die Stadt tatsächlich ist. Danke an Fosca, denn sie steht stellvertretend für die vielen Gesichter Venedigs, vor allem für beeindruckende Belesenheit. Danke an Alicia und Maria, unerschöpfliche Informationsquellen für das Aufdecken neuer Orte und perfekte Komplizinnen beim Ausprobieren von *cicchetti* und anderen Köstlichkeiten. Die Autorin hat alles sehr genossen (ihre Leber vielleicht weniger).

Ein weiterer Dank geht an den kleinen Oliver und an Massimo, dessen Augen die gleiche Farbe haben wie die Lagune; die beiden haben ihr Boot sowie einen kostbaren Teil ihrer Welt großzügig mit der Autorin geteilt. Dank an Enrico und ganz besonders an Domenico … dafür, dass er beschrieben hat, wie beim Fischen die Morgenröte aussieht, und noch für vieles mehr. Doch vor allem möchte Anna gern Allison danken: Ohne sie würde dieser Reiseführer heute völlig anders aussehen. Ihre Liebe zu Venedig und der Lagune und ihre Tatkraft, mit der sie beide beschützt, werden auf ewig eine Quelle der Inspiration sein.

VENEDIG
Überblick

9 ↗
Torcello, Mazzorbo, Burano
7
Murano
7
San Michele
4
Cannaregio
3
San Polo
3
Santa Croce
1
San Marco
5
Castello
2
Dorsoduro
6
Isola di San Giorgio Maggiore
6
Giudecca
Lagune von Venedig
8
Isola delle Rose
8
Lido
↖ 10
Venedig Umland

Karte 1
SAN MARCO

ESSEN – TRINKEN – SHOPPEN – GEBÄUDE – ENTDECKEN – KULTUR – KINDER – SCHLAFEN – WOCHENENDE – QUERBEET

ESSEN – TRINKEN – SHOPPEN – GEBÄUDE – ENTDECKEN – KULTUR – KINDER – SCHLAFEN – WOCHENENDE – QUERBEET

Karte 2

DORSODURO

ESSEN – TRINKEN – SHOPPEN – GEBÄUDE – ENTDECKEN – KULTUR – KINDER – SCHLAFEN – WOCHENENDE – QUERBEET

ESSEN – TRINKEN – SHOPPEN – GEBÄUDE – ENTDECKEN – KULTUR – KINDER – SCHLAFEN – WOCHENENDE – QUERBEET

Karte 3

SANTA CROCE *und* SAN POLO

ESSEN – TRINKEN – SHOPPEN – GEBÄUDE – ENTDECKEN – KULTUR – KINDER – SCHLAFEN – WOCHENENDE – QUERBEET

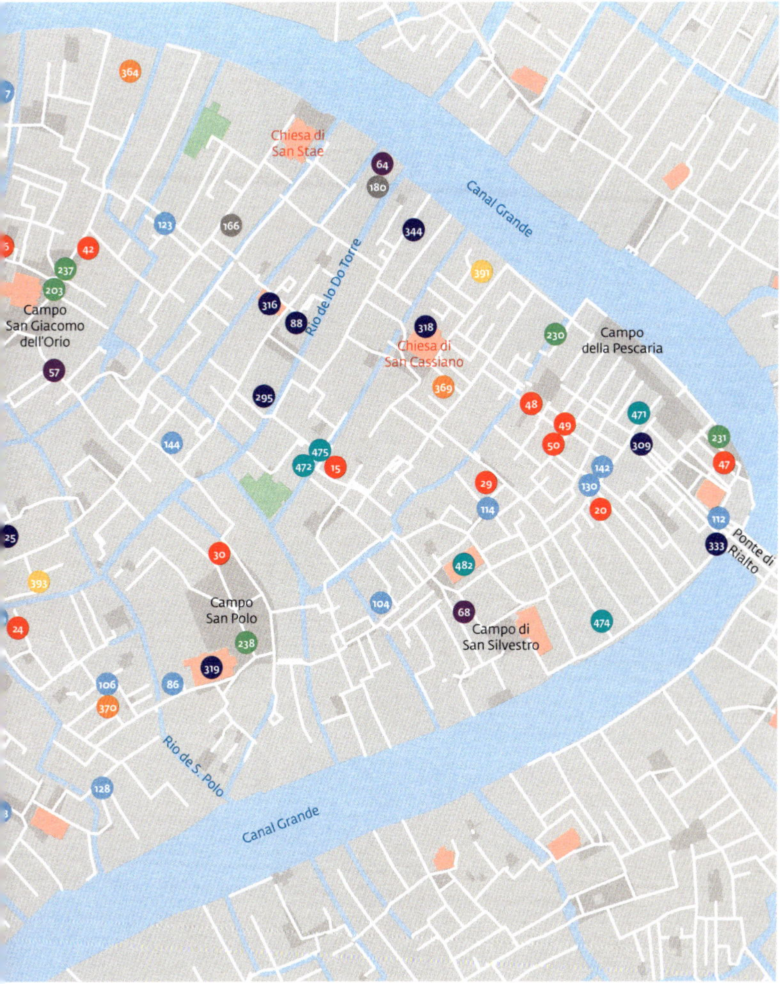

ESSEN – TRINKEN – SHOPPEN – GEBÄUDE – ENTDECKEN – KULTUR – KINDER – SCHLAFEN – WOCHENENDE – QUERBEET

Karte 4

CANNAREGIO

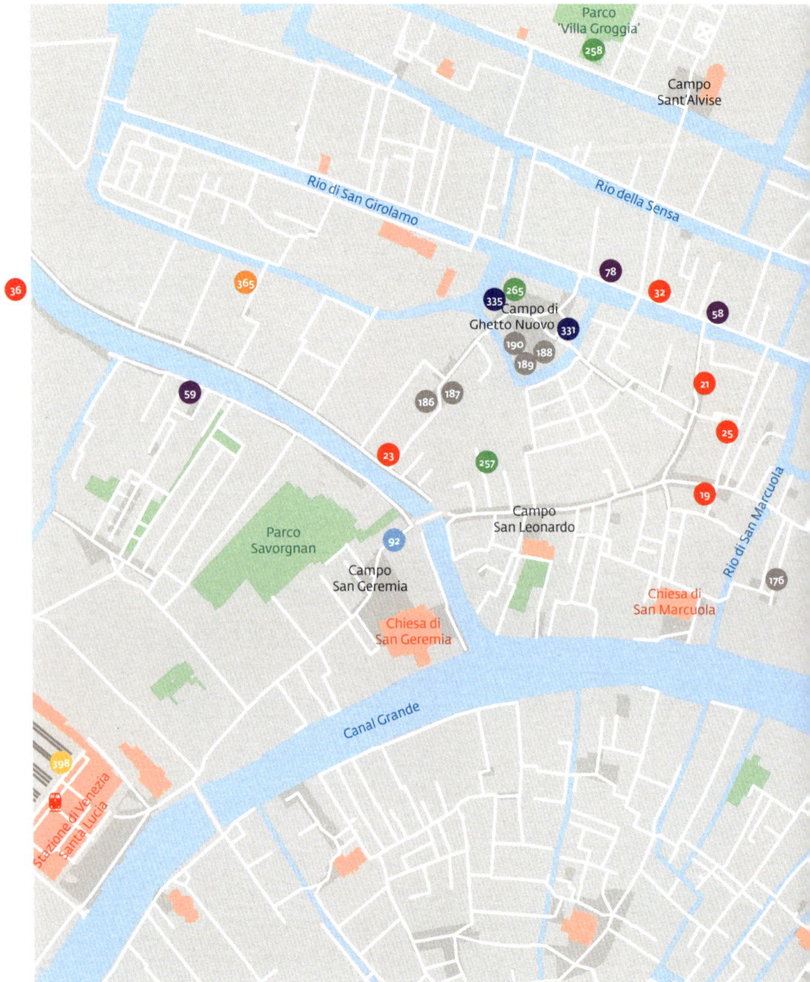

ESSEN – TRINKEN – SHOPPEN – GEBÄUDE – ENTDECKEN – KULTUR – KINDER – SCHLAFEN – WOCHENENDE – QUERBEET

ESSEN – TRINKEN – SHOPPEN – GEBÄUDE – ENTDECKEN – KULTUR – KINDER – SCHLAFEN – WOCHENENDE – QUERBEET

Karte 5

CASTELLO

ESSEN – TRINKEN – SHOPPEN – GEBÄUDE – ENTDECKEN – KULTUR – KINDER – SCHLAFEN – WOCHENENDE – QUERBEET

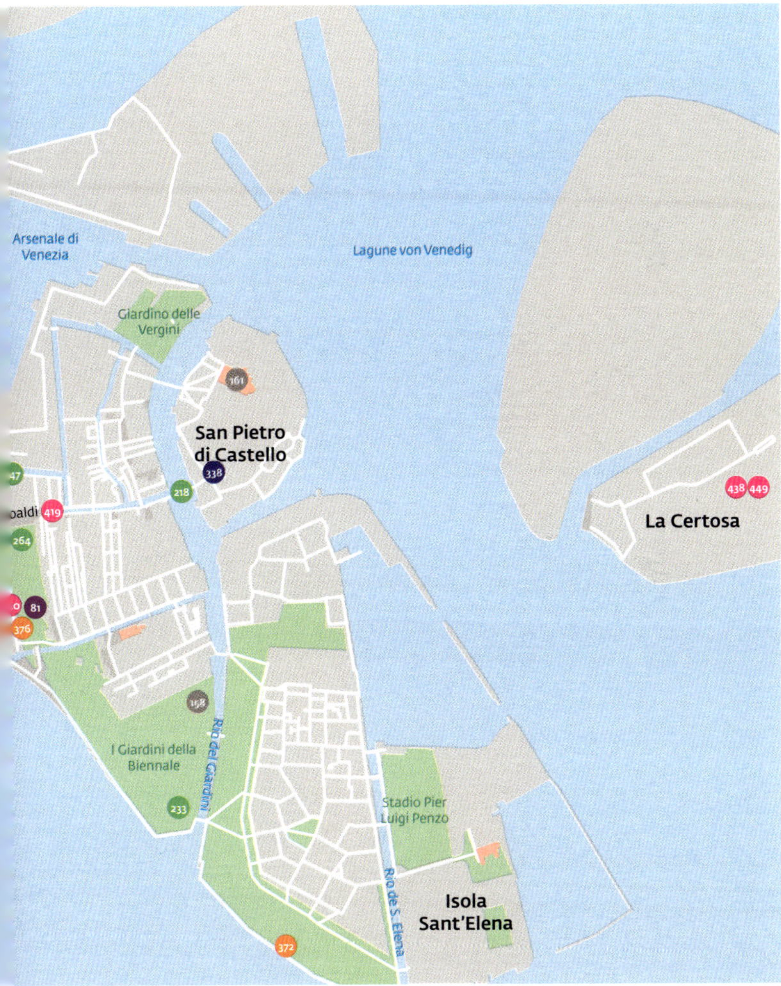

ESSEN – TRINKEN – SHOPPEN – GEBÄUDE – ENTDECKEN – KULTUR – KINDER – SCHLAFEN – WOCHENENDE – QUERBEET

Karte 6

GIUDECCA

und

ESSEN – TRINKEN – SHOPPEN – GEBÄUDE – ENTDECKEN – KULTUR – KINDER – SCHLAFEN – WOCHENENDE – QUERBEET

ISOLA DI SAN GIORGIO MAGGIORE

Karte 7
MURANO *und* SAN MICHELE

Karte 8

LIDO DI VENEZIA *und* ISOLA DELLE ROSE

ESSEN – TRINKEN – SHOPPEN – GEBÄUDE – ENTDECKEN – KULTUR – KINDER – SCHLAFEN – WOCHENENDE – QUERBEET

Karte 9

TORCELLO, MAZZORBO und BURANO

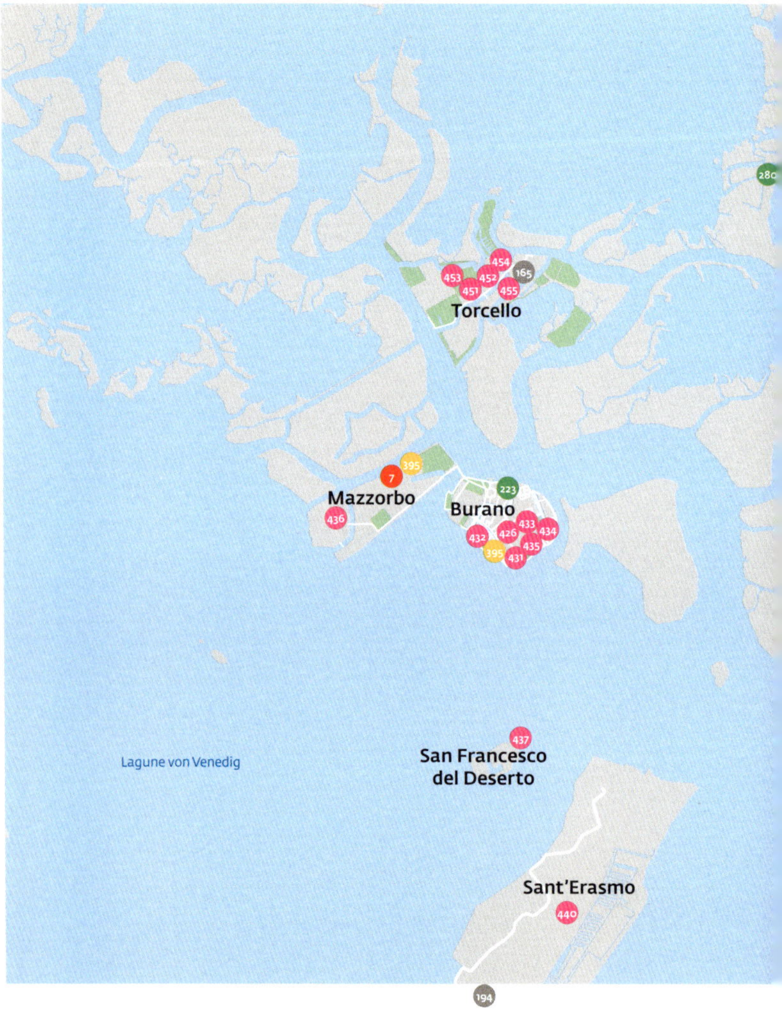

ESSEN – TRINKEN – SHOPPEN – GEBÄUDE – ENTDECKEN – KULTUR – KINDER – SCHLAFEN – WOCHENENDE – QUERBEET

396
Isola Santa Cristina
Lagune von Venedig
Punta Sabbioni

Karte 10

VENEDIG UMLAND

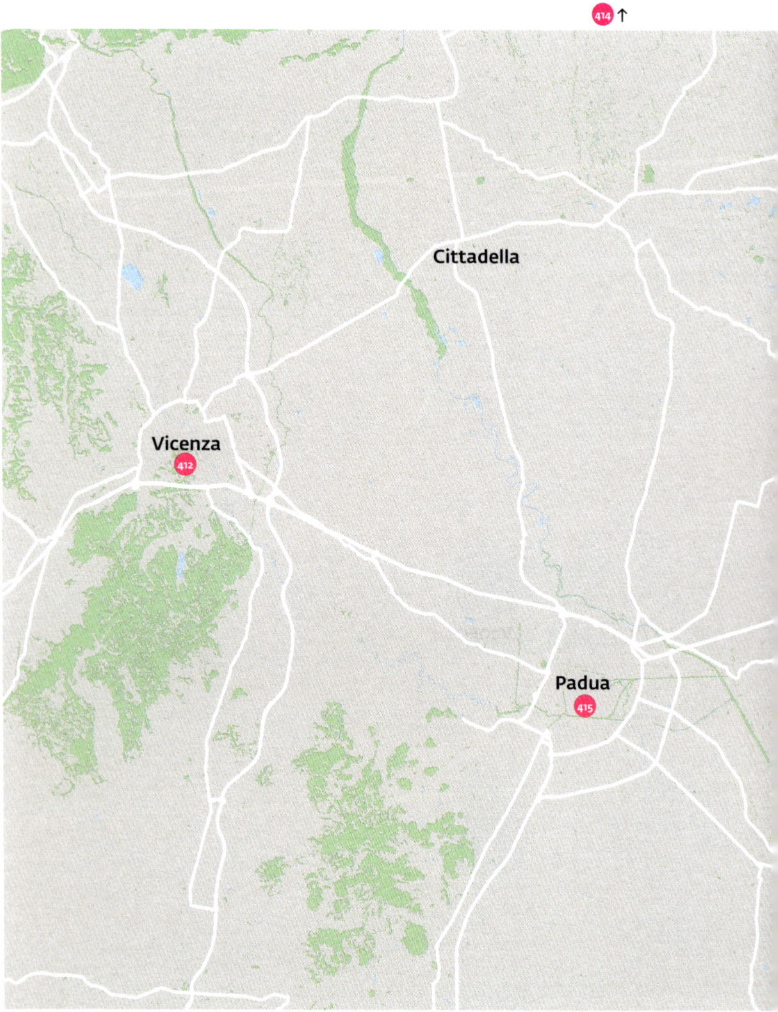

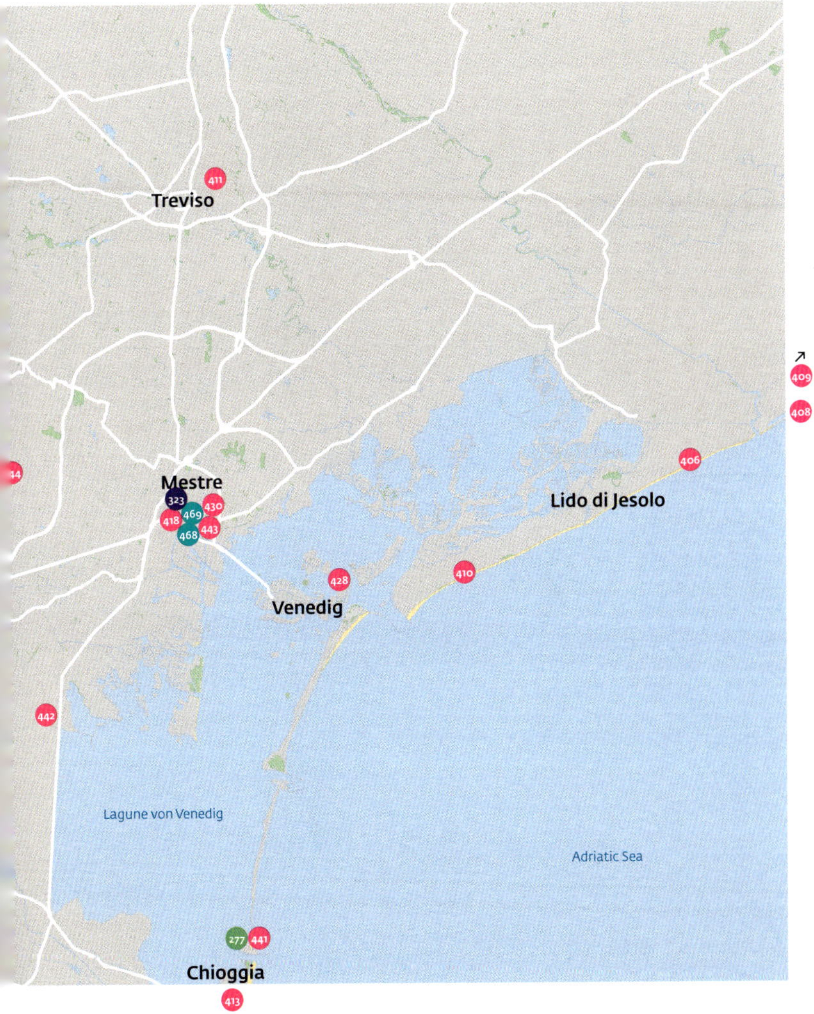

ESSEN – TRINKEN – SHOPPEN – GEBÄUDE – ENTDECKEN – KULTUR – KINDER – SCHLAFEN – WOCHENENDE – QUERBEET

6 OSTERIA AL MASCARON

50 ORTE FÜR GUTES ESSEN

5 Begriffe
RUND UM ESSEN & WEIN

1 **BACARO**

Der *bacaro* ist eine venezianische Taverne, wo man neben leckeren typischen Gerichten auch *ombre* und *cicchetti* erhält – ein Gläschen Wein mit ein paar Häppchen dazu. Die Venezianer lieben es, »auf ein paar *bacari* zu gehen« oder sich von einer Taverne zur nächsten zu hangeln.

2 **OMBRA**

Ombra bezeichnet ein halbes Glas Wein, das Tavernen während des *aperitivo* (und darüber hinaus) anbieten. Der Ursprung des Wortes ist ungewiss, bezieht sich vielleicht auf den von den Glockentürmen geworfenen Schatten, ein beliebter Aufenthaltsort der Venezianer im Sommer, um sich ein erfrischendes Glas Wein zu genehmigen.

3 **CICCHETTO**

Cicchetti sind kleine Snacks, die man zur *ombra* bestellt – üblicherweise vor dem Mittagessen. Mittlerweile erhält man sie aber auch unabhängig von der Tageszeit. Die besten sind jene, die von der Vielfalt der lokalen Küche Gebrauch machen: pürierter Stockfisch, Sardinen in *saor* (mit Zwiebeln), Polenta und Tintenfischtinte.

4 APERITIVO

Wenn Sie nicht aus Venedig kommen und trotzdem glauben zu wissen, was ein *aperitivo* ist, sollten Sie noch einmal darüber nachdenken. Zunächst einmal wird niemand in Venedig einen *aperitivo* als solchen bezeichnen. Wenn, dann bietet man ihnen eine *ombra* an oder schlägt vor, auf ein paar *bacari* zu gehen. In dieser Stadt hat man schon früh begriffen – noch vor allen anderen –, dass diese geselligen Zusammenkünfte zum Lebensstil gehören. In anderen Worten: Es gibt für Sie noch viel zu lernen.

5 SPRITZ

Der Spritz ist die urtypische Form des venezianischen Cocktails. Der Name kommt vom deutschen Wort *spritzen,* denn die österreichischen Truppen gaben immer gern einen Schuss Wasser zum Wein aus Venetien, der stärker war als das, was man von zu Hause gewohnt war. Heute gibt es viele Varianten, zum Beispiel mit Aperol, Campari, Cynar oder sogar Select.

7 **VENISSA OSTERIA CONTEMPORANEA**

10 **RISTORANTE ALGIUBAGIÒ**

5 *Restaurants, die erstklassigen Fisch nach* VENEZIANISCHER ART *servieren*

6 **OSTERIA AL MASCARON**
Calle Lunga Santa Maria Formosa 5225
Castello ⑤
+39 041 522 5995
osteriamascaron.it

Vorab ein heißer Tipp: Wenn Sie hier einkehren, dann schauen Sie gar nicht erst auf die Speisekarte. Halten Sie lieber nach dem exzentrischen Wirt Ausschau und fragen Sie ihn nach einer Empfehlung. Wenn er Sie ins Herz schließt, genießen Sie hier den besten Fisch von ganz Venedig (und auch den besten Wein dazu). Das Restaurant ist nicht gerade billig, aber dafür stimmt die Qualität.

7 **VENISSA OSTERIA CONTEMPORANEA**
Fondamenta Santa Caterina 3
Isola di Mazzorbo ⑨
+39 041 527 2281
venissa.it

Auf der Speisekarte dieser Taverne finden Sie jede Menge fantastische Gerichte, deren Zutaten von den Inseln in der Lagune kommen. Sogar der Wein wird in äußerst kleinen Mengen produziert und entstammt dem einzigen Weingut auf der Insel Mazzorbo. Ein ausgezeichnetes Beispiel lokaler Küche mit modernen Einschlägen. Das Restaurant legt zudem großen Wert auf Nachhaltigkeit.

8 LUNA SENTADA

Fondamenta San Severo 5018
Castello ⑤
+39 041 309 7891
lunasentada.it

Die Philosophie dieser Weinstube mit angeschlossenem Restaurant ist einzigartig. Hier erhalten Sie traditionelle venezianische Gerichte mit dem gewissen Extra. Inspiration fand der Chefkoch durch die Reisen des Marco Polo, der dabei auf viele exotische Geschmacksnoten gestoßen sein muss. Sogar Präsentation und Ambiente weichen von denen anderer Tavernen ab – achten Sie auf den wunderschönen Muranoglas-Leuchter am Eingang.

9 OSTARIA DA RIOBA

Fondamenta della Misericordia 2553
Cannaregio ④
+39 041 524 4379
darioba.com

Wenn Sie an der Statue des Antonio Rioba am Campo dei Mori vorbeikommen, sollten Sie unbedingt an dessen Nase reiben, denn das bringt angeblich Glück! Betrachtet man Selbstverständnis und Speisenauswahl, ist diese nach dem venezianischen Helden genannte Taverne eher unter den Restaurants anzusiedeln. Die Gerichte sind ausgefeilt und hübsch angerichtet, das Lokal ist gemütlich und verfügt zudem über Tische draußen. Empfehlenswert: die Gerichte mit Fisch.

10 RISTORANTE ALGIUBAGIÒ

Fondamenta Nuove 5039
Cannaregio ④
+39 041 523 6084
algiubagio.net

Ob für ein schnelles Frühstück vor dem Trip auf eine der anderen Inseln, ein leichtes Mittagessen, einen Aperitif mit Blick auf die Lagune oder ein leckeres Fischgericht am Abend, dieses elegante Restaurant ist immer eine gute Wahl. Auf der Speisekarte finden sich traditionelle Gerichte sowie viele modernere Alternativen, auch für Vegetarier.

5 *Orte, die*

TOURISTEN NIEMALS FINDEN WERDEN

11 **COMBO**
Campo dei Gesuiti 4878
Cannaregio ④
+39 041 528 6103
thisiscombo.com

Im Combo, einst das Crociferi-Kloster, kann man sich im Kreise von Studenten, die hier in aller Stille über ihren Notizen brüten, prima vom Getümmel rund um die bekannteren Touristen-Hotspots erholen. Genießen Sie zum Beispiel im kühlen Schatten der Orangenbäume einen Spritz mit *cicchetti*.

12 **BACARANDO IN CORTE DELL'ORSO**
Calle dell'Orso 5495
San Marco ①
+39 041 523 8280
bacarando.com

Vorsicht: Dieser *bacaro* ist wirklich schwer zu finden, doch Sie werden es nicht bereuen. Steuern Sie am besten direkt die Sofas ganz hinten an (sofern diese nicht schon belegt sind) und probieren Sie den Hauswein zusammen mit ein paar reichhaltigen *cicchetti*. Mit Lachs und Schwertfisch sind sie besonders zu empfehlen.

13 **OSTERIA ALLA FRASCA**
Corte de la Carità 5176
Cannaregio ④
+39 041 241 2585
osteria-alla-frasca.business.site

In dieser gemütlichen Taverne treffen Sie oft Arbeiter und Einheimische an, die sich das Gericht des Tages schmecken lassen. Im Sommer kann man sich praktischerweise draußen im Schatten der Ranken (*frasche*) und an der frischen Luft abkühlen. Erstklassiges Thunfischsteak!

14 CORTE SCONTA

Calle del Pestrin 3886
Castello ⑤
+39 041 522 7024
cortescontave.com

Auch wenn sie völlig abseits von den bekannten Touristenorten gelegen ist, kann man diese Taverne problemlos finden. Allerdings vermutet wohl fast niemand einen so wunderschönen, efeugrünen Innenhof hinter dem Eingang, der auf eine ruhige Gasse blickt. Das perfekte Restaurant für köstlichen rohen Fisch.

15 TRATTORIA ANTICHE CARAMPANE

Rio Terà de le Carampane 1911
San Polo ③
+39 041 524 0165
antichecarampane.com

Dieses Lokal befindet sich im Herzen dessen, was während der Zeit der *Serenìsima repùblica* das Rotlichtviertel der Stadt war (auf Venezianisch bedeutet *carampana* »Prostituierte«). Die familiengeführte Trattoria serviert typische Gerichte aus superfrischen Zutaten, die vom benachbarten Rialto-Markt stammen und mit viel Liebe und Sorgfalt angerichtet werden.

15 TRATTORIA ANTICHE CARAMPANE

5 Bars für ein ITALIENISCHES FRÜHSTÜCK

16 **MARCHINI TIME**
Calle de San Luca 4741
San Marco ①
+39 041 241 3087
marchinitime.it

Hier verschlingt man das Frühstück auf venezianische Art, heißt: am Tresen stehend, meist in Eile und gut unterhalten vom fröhlichen Geschwätz der Kellnerinnen. Bestellen Sie einen Espresso, ein Gebäck oder ein Croissant, verdrücken Sie sich in eine Ecke, wo Sie die anderen Kunden nicht stören, und beobachten Sie das alltägliche Leben, das sich vor Ihren Augen abspielt.

17 **PASTICCERIA TONOLO**
Calle San Pantalon 3764
Dorsoduro ②
+39 041 523 7209
pasticceria-tonolo-venezia.business.site

Am überraschendsten in dieser Bäckerei ist wohl die ellenlange Theke voll köstlicher Verführungen. Unterwerfen Sie sich der Qual der Wahl zwischen Gebäckteilchen, Kuchen, Brioche und herzhaften Köstlichkeiten. Die Mandelplätzchen sind ganz besonders zu empfehlen.

18 **ROSA SALVA**

Campo S.S. Giovanni e Paolo 6779
Castello ⑤
+39 041 521 0544
rosasalva.it

Die Konditorei Rosa Salva ist eine echte Institution; seit 1879 werden in mehreren Filialen in ganz Venedig kulinarische Wunder vollbracht. Erhältlich sind hier alle Arten von süßen Teilchen, herzhafte Snacks sowie eine gute Auswahl an typischen Sandwiches namens *tramezzini*. Wer früh am Morgen kommt, hat noch die beste Auswahl an Croissants.

19 **PASTICCERIA NOBILE**

Calle del Pistor 1818
Cannaregio ④
+39 041 720 731

Voller Geschichte und wohl die Konditorei im Zentrum mit der größten Auswahl. Hier fällt einem die Entscheidung wirklich schwer: zunächst zwischen süß und herzhaft und dann zwischen *crema fritta*, Plätzchen, Kuchen und Tiramisu. Wie auch immer Ihre Wahl am Ende aussieht, hier werden Sie nicht enttäuscht.

20 **CAFFÈ DEL DOGE**

Calle dei Cinque 609
San Polo ③
+39 041 522 7787
caffedeldoge.com

Nur wenige Schritte von der Rialtobrücke entfernt finden Sie dieses kleine Café, das berühmt ist für seine exquisiten Kaffeemischungen. Drinnen ist nicht viel Platz, aber es gibt auch Tische draußen. Hier erhält man sogar Sojamilch-Cappuccinos und vegane Croissants, was für Venedig keine Selbstverständlichkeit ist.

18 **ROSA SALVA**

5 *Restaurants mit*
AUSLÄNDISCHEN SPEZIALITÄTEN

21 **ORIENT EXPERIENCE**
Rio Terà Farsetti 1847/B
Cannaregio ④
+39 041 822 4337
orientexperience.it

Schon allein die Geschichte hinter diesem Restaurant rechtfertigt einen Besuch. Hamed Ahmadi kam 2006 nach Italien. Nachdem er als Flüchtling anerkannt worden war und diverse Kulturveranstaltungen im Aufnahmelager organisiert hatte, eröffnete er dieses Restaurant. Hier kochen andere Flüchtlinge die Gerichte, die sie auf ihrem Weg nach Italien kennengelernt haben. Hamed besitzt derzeit fünf Restaurants.

22 **AFRICA EXPERIENCE**
Calle Lunga San Barnaba 2722
Dorsoduro ②
+39 041 476 7865
africaexperience.it

Africa Experience ist Hameds zweite Erfolgsgeschichte: Nach dem Grillrestaurant, das Gerichte von Flüchtlingen serviert, eröffnete er ein zweites Restaurant für afrikanische Spezialitäten, zum Beispiel aus Ägypten, Gambia, Senegal, Nigeria und vielen weiteren Ländern. Die Philosophie ist dabei immer die gleiche: Reisen und Essen werden als Mittel für die Förderung des sozialen Bewusstseins eingesetzt.

23 **GAM GAM**
Calle Ghetto vecchio 1122
Cannaregio ④
+39 366 250 4505
gamgamkosher.com

Einfaches und gemütliches kleines Restaurant im Herzen des alten venezianischen Gettos mit exzellenter koscherer Küche, die klassische venezianische Aromen mit denen des Nahen Ostens vereint. Das Ergebnis sind originelle und ansprechende Gerichte und ein ausgezeichnetes Preis-Leistungs-Verhältnis.

24 **FRARY'S**
Fondamenta Frari 2558
San Polo ③
+39 041 720 050
frarysvenezia.it

Das nur wenige Gehminuten von der Basilica dei Frari entfernte Lokal serviert farbenfrohe orientalisch inspirierte Köstlichkeiten mit griechischen Anklängen, darunter zahlreiche vegetarische, vegane und glutenfreie Optionen (ausgezeichnet mit dem »AIC ITALIA«-Zertifikat für glutenfreie Kost).

25 **IGUANNA**
Calle del Aseo 1885
Cannaregio ④
+39 041 476 3749
iguanavenezia.com

In diesem geselligen Restaurant können Sie mal eine Auszeit vom allgegenwärtigen Spritz nehmen und stattdessen eine Piña Colada oder einen anderen farbenreichen Cocktail bestellen. Hier bekommt man außerdem täglich frisch gemachte Tortillas sowie großzügig bemessene mexikanische Gerichte, und das zu vernünftigen Preisen.

5 *Restaurants für eine*
LECKERE PIZZA

26 IL REFOLO

Ramo Quinto Gallion O del Pezzetto 1459
Santa Croce ③
+39 041 524 0016
il-refolo.business.site

Dieses Restaurant öffnet sich zu einem hübschen kleinen Platz direkt am Kanal. Die Tische draußen sind im Sommer besonders beliebt, wenn man beim Essen den *refolo* genießen kann, also die stetige sanfte Brise. Am Abend die perfekte Wahl für ein romantisches Abendessen bei Kerzenschein und Sternenlicht. Auf der Speisekarte finden sich Pizza, Fleisch- und Fischgerichte.

27 ACQUAPAZZA

Campo Sant'Anzolo 3808
San Marco ①
+39 041 277 0688
veniceacquapazza.com

Eine gute Pizza in Venedig zu finden, ist gar nicht so einfach. Acqua Pazza serviert nicht nur guten Fisch, sondern auch dicke, duftende Qualitätspizzen. Das Restaurant befindet sich an einem kleinen *campo* mit Außentischen. Auch wenn das Restaurant nicht zu den billigsten der Stadt zählt, so rechtfertigt das leckere Essen doch die hohen Preise.

28 **PIZZERIA ALLA STREGA**

Barbaria de le Tole 6418
Castello ⑤
+39 041 528 6497

Es gibt nur eine Handvoll echte Pizzerien in Venedig (mal abgesehen von den Schnellimbissen, die in letzter Zeit überall aufkommen). Diese hier verteidigt ihre Position seit 1979 und serviert sehr gute Calzones, Pizzen mit Bioböden und leckeres hausgemachtes Tiramisu.

29 **NOVECENTO JAZZ CLUB 900**

Campiello del Sansoni 900
San Polo ③
+39 041 522 6565

Diese tolle Pizzeria im Herzen von Venedig befindet sich an einem beschaulichen Campiello. Absolute Pluspunkte sind die knusprig-dünnen Böden und die relaxte Atmosphäre. Bestellen Sie sich ein Gläschen Wein und genießen Sie die gelegentlich stattfindenden Jazz-Livekonzerte.

30 **BIRRARIA LA CORTE**

Campo San Polo 2168
San Polo ③
+39 041 275 0570
birrarialacorte.it

Auch wenn die Pizza in dieser Brauerei ausgezeichnet ist und aus frischen Zutaten gemacht sowie ungewöhnlich belegt wird, sollte man die anderen Gerichte nicht unerwähnt lassen. Die vielen verschiedenen Biere vom Fass sind ein weiterer Bonuspunkt. Das Restaurant befindet sich am Campo San Polo, einem der schönsten Plätze in Venedig, und hat eine große Straßenfront und viele Tische im Freien.

5 **BACARI**,
die bei Venezianern beliebt sind

31 BACHARO TOUR
bacharotour.com

Es waren zwei Venezianer, die die tolle Idee hatten, »anspruchsvolle« Musik an eher ungewöhnliche Orte statt in die üblichen geweihten Hallen zu bringen, etwa in die venezianischen *bacari*. Alljährlich im Mai und Juni finden daher Konzerttourneen mit Wein und *cicchetti* statt. Auf der Facebook-Seite finden Sie eine Übersicht zu den geplanten Konzerten.

35 OSTARIA AL PONTE

32 **AL TIMON**

Fondamenta dei Ormesini 2754
Cannaregio ④
+39 041 524 6066
altimon.it

Unverputzte Wände, ein Tresen mit großer Auswahl an *cicchetti*, erstklassiger Spritz und *ombre*, entspannte Atmosphäre: Die typisch venezianische Taverne lässt keine Wünsche offen. Der einzige Unterschied: Die Spezialität des Hauses ist Fleisch und nicht Fisch. Unbedingt ausprobieren!

33 **TRATTORIA DA BEPI GIÀ »54«**

Campo S.S. Apostoli 4550
Cannaregio ④
+39 041 528 5031
dabepi.it

Hier erwartet Sie das echte Venedig. Eine traditionelle Trattoria mit holzvertäfelten Wänden und offenem Fachwerk, das den perfekten Rahmen für eine schlichte, schnörkellose Küche bietet. Im Herbst und Frühjahr sollten Sie unbedingt die gebratenen *moeche*, Butterkrebse, probieren. Diese Spezialität ist schwer zu finden.

34 **CACONERO**

Fondamenta Barbarigo 2344
Dorsoduro ②
+39 041 524 6042

Wenn Sie eine Auszeit von der venezianischen Küche anstreben und es Sie mal nach etwas Internationalem dürstet, dann besuchen Sie das Caconero. Dieses große Bistro abseits der Touristenströme – 2017 eröffnet – ist besonders bei Studenten und Angestellten beliebt, die hier gern zu Mittag essen. Probieren Sie die abwechslungsreichen, leckeren Salate und die selbst gemachten Kuchen.

35 **OSTARIA AL PONTE**

Calle Larga Giacinto Gallina 6378
Cannaregio ④
+39 041 822 0172

Eine fantastische Auswahl an *cicchetti* und Käse, eine tolle Weinkarte und Spritz zu vernünftigen Preisen, kurz: Dieses geschichtsträchtige Restaurant ist perfekt für eine umfangreichere Mahlzeit. Fischgerichte sind besonders zu empfehlen.

5 *Trattorias, in denen man am besten das* **TAGESGERICHT** *bestellt*

36 **TRATTORIA DA'A MARISA**
Fondamenta San Giobbe 652
Cannaregio ④
+39 041 720 211
trattoria-daa-marisa.business.site

Einer der wenigen *bacari*, wo das Menü sich speziell an die Angestellten und Studenten der benachbarten Universität Ca' Foscari statt an Touristen richtet. Das Lokal ist eher klein und ziemlich rustikal, aber bei schönem Wetter kann man an den Tischen neben dem Kanal Platz nehmen.

37 **OSTERIA AL CANTINON**
Sottoportego delle Colonete 2152
Cannaregio ④
+39 041 524 3801
osterialcantinon.it

In diesem intimen Restaurant, das um Klassen besser ist als eine typische Taverne, können Sie köstliche Fischgerichte in romantischer Atmosphäre direkt am Kanal genießen. Trotz der Nähe zur Strada Nova herrscht hier eine himmlische Ruhe.

38 **HOSTARIA BACANERA**
Campiello de la Cason 4506
Cannaregio ④
+39 041 260 1146
bacanera.it

Dieses von jungen Venezianern geführte Restaurant steht für Qualität und Frische. Das limitierte Menü orientiert sich am saisonalen Angebot des Rialto-Markts. Hier glaubt man noch fest an Tradition, deshalb werden Zutaten voller Fantasie und Einfallsreichtum geräuchert, fermentiert und gedörrt. Das Ergebnis ist immer Spitzenklasse.

39 **OSTERIA DA CODROMA**
Fondamenta Briati 2540
Dorsoduro ②
+39 041 524 6789

Eine typische Trattoria an der Fondamenta Briati, die gleichzeitig ein tolles Ziel für einen Spaziergang fern der Touristenmassen ist. Bestellen Sie sich eine Auswahl an *cicchetti* oder eine reichhaltigere Mahlzeit. Beginnen Sie am besten mit der großen Auswahl an hervorragenden Appetithäppchen.

40 **LA PALANCA**
Fondamenta Sant'Eufemia 448
Giudecca ⑥
+39 041 528 7719

Ein Muss bei einem Ausflug auf die Insel Giudecca. Vom Tisch aus hat man einen tollen Blick auf die Zattere auf der anderen Seite des Kanals. Lassen Sie sich mit leckeren Fischgerichten verwöhnen, aber wenn Sie nur einen Snack suchen, probieren Sie einen *tramezzino*. Was auch immer – das Essen mit solch einem schönen Ausblick wird garantiert zu einem unvergesslichen Erlebnis.

5 *fantastische* EISDIELEN

41 **DA NICO**
Fondamenta Zattere al Ponte Longo 922
Dorsoduro ②
+39 041 522 5293
gelaterianico.com

Schon seit Jahren strömen die Leute hierher, um Nicos legendäres *gianduiotto* zu probieren, und das hat diese Eisdiele in eine echte venezianische Institution verwandelt! Probieren Sie unbedingt besagte Kreation, die aus einem Stück *gianduia* besteht (einer Mischung aus Schokolade und Haselnüssen), serviert in einem kleinen Becher und abgerundet mit jeder Menge Schlagsahne. Ganz einfach zauberhaft.

41 DA NICO

42 **GELATO DI NATURA**
Campo San Giacomo dell'Orio 1628
Santa Croce ③
+39 041 302 7435
gelatodinatura.com

Diese Eisdiele gibt es gleich an mehreren Stellen in der Stadt. Auch wenn die Auswahl nicht sehr groß ist und immer wieder wechselt, ist die Qualität der Zutaten unübertroffen, was sich natürlich auf den Geschmack der Eiscreme auswirkt. Wenn es gerade angeboten wird, probieren Sie unbedingt mal Walnuss und Feige.

43 **GELATERIA PAOLIN**
Campo Santo Stefano 2962
San Marco ①
+39 041 522 5576

Die Eisdiele Paolin befindet sich am Campo Santo Stefano, einem der schönsten Plätze von Venedig. Hier gibt es viele Tische im Freien. Besonders im Sommer der perfekte Ort für eine Pause bei einem Eisbecher, der vor lauter frischem Obst und Eiscreme geradezu überzuquellen droht.

44 **GELATERIA IL DOGE**
Dorsoduro 3058A
Dorsoduro ②
+39 349 350 7804

Eine der ältesten *gelaterias* in Venedig, zentral gelegen und ideal für eine kurze Pause bei einer Sightseeingtour. Hier gibt es exquisite, ausschließlich selbst hergestellte Eiscreme, klassisch wie experimentell, sowie laktose- und glutenfreie Optionen.

45 **GELATERIA ALASKA**
Calle Larga dei Bari 1159
Santa Croce ③
+39 041 715 211

Eine Edeleisdiele durch und durch. Ein winziger Laden mit nur wenigen Sorten zur Auswahl, die je nach Angebot und Jahreszeit variieren. Ihr *gelato* ist weniger süß als anderswo, da man sich hier vor allem auf das Geschmackserlebnis fokussiert. Herausragend!

5 versteckte Bacari und Tavernen
RUND UM RIALTO

46 **OSTERIA AL PORTEGO**
Calle de la Malvasia Vechia 6014
Castello ⑤
+39 041 522 9038
osteriaalportego.org

Trotz der zentralen (will sagen touristischen) Lage zwischen San Marco und Rialto ist dieser *bacaro* sich selbst und der venezianischen Küche treu geblieben. Hier finden Sie ganz typische *cicchetti* und eine gute Auswahl an Weinen. Reservieren Sie sicherheitshalber vorher einen Tisch.

47 **OSTERIA BANCOGIRO**
Campo San Giacometto 122
San Polo ③
+39 041 523 2061
osteriabancogiro.it

Diese Taverne befindet sich am Fuße der Rialtobrücke und serviert absolut superleckere, üppige und preiswerte *cicchetti*. Auch perfekt für ein leichtes Mittagessen. Wenn Ihnen der Sinn nach Größerem steht, bestellen Sie sich ein Fischgericht, am besten an einem der Tische hinten mit Blick auf den Canal Grande.

48 **CANTINA DO SPADE**
Sotoportego de le Do Spade 859
San Polo ③
+39 041 521 0583
cantinadospade.com

Sobald Sie diesen *bacaro* betreten, erblicken Sie einen wunderschönen Holztresen mit einer herrlichen Auswahl an *cicchetti*, viele verschiedene Weinflaschen und einen holzvertäfelten Raum mit farbenfrohen Bildern an den Wänden. Die gebratenen Gerichte sind köstlich und können als *cicchetti* oder als volle Mahlzeit bestellt werden. Die gebratene Fischplatte ist umfangreich, leicht und lecker.

49 **CANTINA DO MORI**
Calle Do Mori 429
San Polo ③
+39 041 522 5401

Die Cantina do Mori ist eine der ältesten Kneipen in Venedig. Hier hängen noch Kupfertöpfe von der Decke, und überall stehen Korbflaschen mit Wein herum. Die köstlichen *cicchetti* probiert man am besten im Stehen. Die Preise sind ein wenig höher als gewöhnlich, aber die Qualität spricht für sich.

50 **ALL'ARCO**
Calle Arco 436
San Polo ③
+39 041 520 5666

Dieser kleine *bacaro* befindet sich in einer der unzähligen winzigen Gassen rund um die Rialtobrücke. Hier gibt es keine Sitzplätze, was den Laden perfekt macht für einen Snack oder schnellen *aperitivo*. Die großzügigen und leckeren *cicchetti* lohnen allemal einen kurzen Zwischenstopp. Besonders zu empfehlen ist dabei der pürierte Stockfisch.

46 OSTERIA AL PORTEGO

WE ♡ WINE
SO
NO SPRITZ!!

35 ORTE FÜR EINEN DRINK

5 Orte für einen
PREISWERTEN DRINK

51 **BACARETO DA LELE**
Campo dei Tolentini 183
Santa Croce ③
+39 347 846 9728

Egal zu welcher Tageszeit, dieser kleine *bacaro* ist immer vollgepackt mit Studenten und Venezianern, die ihre Zeit gern plaudernd an der *fondamenta* entlang des Kanals verbringen. Das liegt nicht nur an den niedrigen Preisen für *ombre* und *cicchetti*. Auch wenn die Auswahl an Speisen nicht besonders groß ist, so wird man hier trotzdem gut verköstigt.

52 **AL CHIOSCHETTO**
Fondamenta Zattere Al Ponte Lungo 1406/A
Dorsoduro ②
+39 348 396 8466

Eine kleine, unauffällige Bar mit atemberaubendem Ausblick. Der Kiosk befindet sich an einer der breitesten und schönsten Promenaden in ganz Venedig. Es ist nichts Ungewöhnliches, wenn man hier zum *aperitivo* große Freundesgruppen mit Spritz in der Hand antrifft, die gemeinsam den Sonnenuntergang über der Lagune bestaunen wollen.

53 **CHET BAR**
Campo Santa Margherita 3638
Dorsoduro ②
+39 328 419 9252

Wenn Sie eine Abwechslung zum allgegenwärtigen Spritz suchen, dann ist diese Cocktailbar genau die richtige Wahl. Auf der Getränkekarte finden sich die üblichen Verdächtigen, aber auch kühnere Kompositionen. Nach dem Abendessen ein beliebter Treffpunkt für Studenten.

54 **EL SBARLEFO**

Salizada del Pistor 4556/C
Cannaregio ④
+39 041 524 6650
elsbarlefo.it

Ein winziger *bacaro* mit einer guten Auswahl an *cicchetti*, *ombre* und Cocktails. Auf der Karte finden sich auch weitaus robustere Optionen wie Abendgerichte mit rohem Fisch und den dazu passenden Weinen. Freitags und samstags finden Jazz- und Blueskonzerte statt. Eine weitere Filiale findet sich in Dorsoduro 3757.

55 **CANTINE DEL VINO GIÀ SCHIAVI**

Fondamenta Nani 992
Dorsoduro ②
+39 041 523 0034
cantinaschiavi.com

Eine authentische Weinstube mit Holzgebälk und deckenhohen Regalen, die unter der Last der vielen Weinflaschen ächzen. Einer der wenigen Orte in der Stadt, wo man immer noch für wenige Euro ein Gläschen weißen Hauswein und dazu ein paar leckere *cicchetti* genießen kann.

51 BACARETO DA LELE

5 Kneipen, in denen man EINEN TOLLEN SPRITZ *bekommt*

56 **CANTINA VECIA CARBONERA**
Rio Terà della Maddalena 2329
Cannaregio ④
+39 041 710 376

Ein typisch venezianisches Lokal, eingerichtet mit Weinfässern und Korbflaschen. Die Auswahl an Weinen und Snacks ist riesig, und der Spritz, den man hier auch »zum Mitnehmen« bestellen kann, ist ausgezeichnet. Mit ein bisschen Glück können Sie vielleicht einen Tisch mit romantischem Blick auf den Kanal ergattern.

60 OSTERIA AL SQUERO

57 **OSTERIA DA FILO**
Rio Terà Primo 1539
Santa Croce ③
+39 041 524 6554

Ein ungezwungenes, freundliches Lokal mit Ledersofas und Origami und Papierlaternen. Am Tage ist das Da Filo perfekt für einen Drink in entspannter, gemütlicher Atmosphäre. Am Abend ist der Laden voller junger Leute und entschieden geselliger. Mittwochabends Livemusik.

58 **OFICINA ORMESINI**
Fondamenta degli Ormesini 2689
Cannaregio ④
+39 348 341 5910
oficinaormesini.com

Sie haben die Qual der Wahl: Entweder Sie beobachten einfach nur von einem der Tische aus bei einem Gläschen (exquisiten) Spritz die Leute. Oder Sie gönnen sich einen *aperitivo*, gefolgt von köstlichen *cicchetti*, hervorragenden mediterranen Vorspeisen, anschließend Fleisch oder Fisch als Hauptgericht und zum Schluss einem *digestivo*, um alles zu verdauen.

59 **AL PARLAMENTO**
Fondamenta Savorgnan 511
Cannaregio ④
+39 041 244 0214
alparlamento.it

Diese wunderschöne Weinstube wird in den meisten Reiseführern garantiert nicht erwähnt und ist dabei doch nicht nur für Unistudenten eine echte Institution. Hier erhalten Sie alles, von reichhaltigen *cicchetti* und *tramezzini* bis zu Spritz und anderen Cocktails.

60 **OSTERIA AL SQUERO**
Fondamenta Nani 943–944
Dorsoduro ②
+39 335 600 7513
osteriaalsquero.wordpress.com

Egal zu welcher Tages- oder Nachtzeit Sie hier aufkreuzen, dieser *bacaro* ist immer voll mit Einheimischen und Touristen. Das liegt vor allem an den tollen *cicchetti* und Spritz-Getränken. Dabei ist es auch völlig in Ordnung, Teller und Glas mit nach draußen zu nehmen, um den Aperitif mit Blick auf den Kanal und die Gondelwerft auf der anderen Seite zu genießen.

5 *wundervolle* **MUSEEN**, *in denen es auch* **LECKEREN TEE** *gibt*

61 **L'OMBRA DEL LEONE CAFE**
Calle Ridotto 1364
San Marco ①
+39 041 241 3519
ombradelleone.com

Das Highlight dieses Restaurants (das sich im Palast Ca' Giustinian verbirgt) ist zweifellos die herrliche Terrasse mit Panoramablick auf die Kirche Santa Maria della Salute und die Lagune. Kehren Sie hier ein für eine Tasse Tee, einen Aperitif oder ein Abendessen: Die Atmosphäre ist zu jeder Tageszeit einfach atemberaubend.

62 **PALAZZO GRASSI CAFÉ**
IN: PALAZZO GRASSI
Campo San Samuele 3231
San Marco ①
+39 041 240 1308
palazzograssi.it

Das helle, minimalistisch eingerichtete Bistro-Café des Palazzo Grassi überblickt den Canal Grande. Ideal, um bei einer gemütlichen Tasse Tee die unter der Fensterbank vorbeiziehenden Menschenmengen zu beobachten. Auch die Mittagsoptionen sind hervorragend, wenn Sie der Hunger allzu sehr bei dieser Aussicht stört.

63 **DOGANA CAFÉ**
IN: MUSEO DI PUNTA DELLA DOGANA
Fondamenta Salute 2
Dorsoduro ②
+39 041 240 1308
palazzograssi.it

Das Museum Punta della Dogana zählt zu den schönsten Museen in Venedig. Und es gibt kein besseres Ende für dessen Besuch, als anschließend hier einzukehren! Cafeteria und Buchgeschäft teilen sich die Räumlichkeiten, perfekt also, um beim Schmausen eine spannende Lektüre zur Hand zu nehmen.

64 **CAFFETTERIA DI CA' PESARO**

Fondamenta de Ca' Pesaro 2076
Santa Croce ③
+39 041 721 127
capesaro.visitmuve.it

Das Café im Ca' Pesaro ist relativ klein, aber wenn Sie mit etwas Glück einen der wenigen Tische ergattern können, dann gönnen Sie sich doch eine Tasse Tee und ein leckeres Gebäckstück – und das alles nur wenige Schritte vom Canal Grande entfernt.

65 **CAFFETTERIA DI CA' REZZONICO**

Fondamenta Rezzonico 3136
Dorsoduro ②
+39 041 241 0100
carezzonico. visitmuve.it

Dieses wunderschöne Museum, das sich dem Venedig des 18. Jahrhunderts widmet, bietet einen eigenen Garten sowie ein Café im Eingangsbereich, wo erlesene Kaffeekreationen zum Einkehren einladen. Der Blick auf den Canal Grande ist dabei im Preis bereits mit inbegriffen.

62 PALAZZO GRASSI CAFÉ

5 *hochwertige* WEINSTUBEN

66 **VINO-VERO**
Fondamenta de la Misericordia 2497
Cannaregio ④
+39 041 275 0044
vinovero.wine

Achtung: In dieser Weinstube finden Sie weder Spritz noch Cocktails auf der Karte. Stattdessen gibt es hier eine ausgezeichnete Auswahl an Weinen im Glas oder in der Flasche. Letztere sind dabei vielleicht ein wenig teurer als üblich, aber sie lohnen jeden Pfennig. Die *cicchetti* sind ausgeklügelt und köstlich, genauso wie die Atmosphäre: leiser Jazz, ein freundliches Team und Tische im Freien.

67 **MILLEVINI**
Ramo del Fontego dei Tedeschi 5362
San Marco ①
+39 041 520 6090
enotecamillevini.it

Ein kleines, aber gut sortiertes Weingeschäft direkt hinter dem Fondaco dei Tedeschi. Millevini bietet Weine für jeden Geschmack und jeden Geldbeutel, mit einer Preisspanne von niedrig bis hoch. Auch die Auswahl an Hochprozentigem ist erstklassig und wohl durchdacht. Zudem gibt es hier ein paar sehr interessante Geschenkideen.

68 **VINERIA ALL'AMARONE**
Calle Sbianchesini 1131
San Polo ③
+39 041 523 1184
allamarone.com

Der Name dieser Weinstube bezieht sich auf einen der besten Weine in Venetien, den Amarone. Hier ist der Name Programm. In einem Raum, der von oben bis unten mit Weinregalen vollgestellt ist, können Sie typische Gerichte probieren sowie *cicchetti* und Fischgerichte. Natürlich wird dazu dann auch der passende Wein gereicht.

69 **ENOTECA AL VOLTO**
Calle Cavalli 4081
San Marco ①
+39 041 522 8945
enotecaalvolto.com

Die Enoteca Al Volto ist ein historischer Ort in Venedig, der 1936 zum ersten Mal seine Türen geöffnet hat. Sie werden unverzüglich die freundliche Atmosphäre und den bescheidenen, schlichten Fachwerk-Look dieser Weinstube zu schätzen wissen. Auf der Speisekarte finden sich bodenständige *ombre* und *cicchetti* sowie leckere Tagesangebote.

70 **I RUSTEGHI**
Corte de l'Orso 5513
San Marco ①
+39 338 760 6034

In einer der touristischsten und überfülltesten Ecken von Venedig finden Sie einen winzigen und leicht versteckten Innenhof, zu dem sich diese Weinstube hin öffnet. Das Angebot an Speisen beschränkt sich nicht nur auf *cicchetti,* man kann hier auch leckere Platten mit Wurst und Käse bestellen.

5 Orte für einen DRINK AM SPÄTEN ABEND

71 **VENICE JAZZ CLUB**
Fondamenta del Squero 3102
Dorsoduro ②
+39 340 150 4985
venicejazzclub.com

Auch wenn er nicht bis in die frühen Morgenstunden geöffnet hat, ist dieser Jazzclub – der einzige im Stadtzentrum – ein fester Bestandteil des venezianischen Nachtlebens. Im Eintritt ist ein Getränk inklusive. Veranstaltungsprogramm auf der Homepage.

72 **OSTERIA ALLA BIFORA**
Rio Terà de la Scoazzera 2930
Dorsoduro ②
+39 041 523 6119
venicejazzclub.com

Diese typische Osteria serviert authentische Familienrezepte und ist bis spät in die Nacht geöffnet. Probieren Sie unbedingt die reichhaltigen und köstlichen Käse- und Wurstplatten und vergessen Sie nicht, dazu ein Gläschen Prosecco zu bestellen!

73 **TARNOWSKA'S AMERICAN BAR**
Campo Santa Maria del Giglio 2494
San Marco ①
+39 041 520 8333

Wenn auch nicht gerade günstig, ist diese elegante Bar im Stil der Fünfziger ein Geheimtipp für gute Cocktails, die nur aus den besten Zutaten gemixt werden. Tipp: Während Sie an Ihrem Drink nippen, fragen Sie doch einmal, wer die Frau war, nach der die Bar benannt wurde.

74 **BAKARÒ DO DRAGHI**
Calle de la Chiesa 3665
Dorsoduro ②
bakarovenezia.com

Ein einladendes Lokal mit urbanem Look & Feel, wo man Cocktails, Bier und internationale Gerichte erhält sowie die üblichen Spritz-Getränke und *cicchetti*. Die Atmosphäre wird zum Abend hin lebendiger, wenn sich der Campo Santa Margherita mit jungem Volk füllt. Auch wenn drinnen viel Platz ist, findet man häufig große Gruppen von Leuten gemütlich im Freien bei einem Bier zusammensitzen.

75 **PARADISO PERDUTO**
Fondamenta della Misericordia 2540
Cannaregio ④
+39 041 720 581
ilparadisoperduto.wordpress.com

Es ist schwierig, beim Betreten den Blick vom Tresen abzuwenden, der vor lauter gutem Essen förmlich überzuquellen droht. Der Laden ist sehr beliebt und daher meist zum Bersten voll. Und er nimmt keine Reservierungen entgegen. Dafür hat er bis tief in die Nacht geöffnet, sodass man genug Zeit zum Schlemmen hat.

75 PARADISO PERDUTO

5 Orte für einen ausgezeichneten ESPRESSO

76 **CAFFÈ ROSSO**
Campo Santa Margherita 2963
Dorsoduro ②
+39 041 528 7998
cafferosso.it

Eine historische Bar in Venedig, die Ende des 19. Jahrhunderts von einem Fischer eröffnet wurde. Anfang der 20. Jahrhunderts fanden hier viele hitzige politische Debatten statt, und nicht selten wurde man auch gern mal von den Gästen einer benachbarten Bar am Campo Santa Margherita reingelegt. Der älteste Angestellte der Bar ist heute die gute alte Espressomaschine.

77 **BAR AI ARTISTI**
Calle Lunga San Barnaba 2771
Dorsoduro ②
+39 376 226 5420

Diese kleine Bar überblickt den eleganten Campo San Barnaba und kommt mit einem herrlichen Blick auf die Kirche selben Namens – eine gute Wahl also für einen Drink mit Ausblick. Um ehrlich zu sein, gibt es hier nicht viel mehr als Kaffee und Wein, aber beides können sie sehr gut, sodass man über die unzulängliche Speisekarte hinwegsehen kann.

76 **CAFFÈ ROSSO**

78 **TORREFAZIONE CANNAREGIO**

Fondamenta dei Ormesini 2804
Cannaregio ④
+39 041 716 371
torrefazione cannaregio.it

Hier wird das Kaffeekochen mit geradezu wissenschaftlichem Anspruch betrieben – mit einer großen Auswahl an hochqualitativen Bohnenmischungen (die Sie auch für zu Hause kaufen können) und Zubereitungsarten. Dazu gibt es sündhaft guten Kuchen und Gebäck. Der perfekte Ort für ein ausgezeichnetes Frühstück oder für eine kleine Pause zwischendurch.

79 **PASTICCERIA RIO MARIN**

Fondamenta Rio Marin 784
Santa Croce ③
+39 041 718 523

Diese Konditorei mit Tischen im Freien befindet sich nur wenige Gehminuten vom Bahnhof entfernt. Der Kaffee ist köstlich und wird aus den besten Röstmischungen perfekt zubereitet. Aber ohne das entsprechende Gebäck dazu? Das wäre wirklich ein Sakrileg. Bestellen Sie sich doch gleich auch noch ein Tiramisu, ein leckeres Teilchen oder ein Stück vom hausgemachten Kuchen.

80 **PASTICCERIA ITALO DIDOVICH**

Campo Santa Marina 5908–5909
Castello ⑤
+39 041 523 0017

Trotz seiner Nähe zu Rialto überblickt dieses Lokal einen unscheinbaren und ruhigen Platz, perfekt für eine entspannte Tasse Kaffee auf der Terrasse. Wer dazu einen Happen essen will, der wird die Qual der Wahl haben, denn die Auswahl an köstlichen süßen und herzhaften Gerichten ist riesig.

5 HISTORISCHE CAFÉS

81 **SERRA DEI GIARDINI**
Viale Giuseppe Garibaldi 1254
Castello ⑤
+39 041 296 0360
serradeigiardini.org

Auch wenn es sich hierbei, rein technisch gesehen, nicht um ein historisches Café handelt, ist dieses Gewächshaus doch der älteste Ort auf dem Biennale-Gelände. Besonders das Äußere ist sehr gut erhalten. Hier finden heute noch zahlreiche Workshops und Lehrkurse statt. Im Blumengeschäft nebenan kann man Pflanzen kaufen, und es gibt auch ein Café. Perfekt für eine kleine Pause während des Kunstfestivals.

82 **CAFFÈ FLORIAN**
Piazza San Marco 57
San Marco ①
+39 041 520 5641
caffeflorian.com

Im Caffè Florian unter den Arkaden des Markusplatzes nimmt man seit über dreihundert Jahren das Leben und die Schicksale der noblen Familien der Lagunenstadt genau unter die Lupe. Zu den berühmtesten Gästen zählen Casanova, Carlo Goldoni, Silvio Pellico, Lord Byron, Ugo Foscolo, Charles Dickens, Goethe, Rousseau, Gabriele d'Annunzio … Der einzige Nachteil? Die Preise sind wirklich ganz schön gesalzen.

82 **CAFFÈ FLORIAN**

83 **HARRY'S BAR**
Calle Vallaresso 1323
San Marco ①
+39 041 528 5777

Die Harry's Bar gibt es seit 1931, als Giuseppe Cipriani (aus Verona) und der Amerikaner Harry Pickering miteinander Bekanntschaft machten. Es war der Beginn einer Erfolgsgeschichte. Wären Sie hier 1949 vorbeigekommen, hätten Sie vielleicht den Schriftsteller Ernest Hemingway an einem der Tische gesehen. 2001 wurde das Café als ein nationales Monument anerkannt. Der von Arrigo Cipriani erfundene Bellini ist absolut empfehlenswert.

84 **GRANCAFFÈ QUADRI**
Piazza San Marco 121
San Marco ①
+39 041 522 2105
alajmo.it

Wenn man durch die vergoldeten und mit Stuck verzierten Hallen des Grancaffè Quadri wandelt, kann man sich problemlos die Pracht der *Serenìsima repùblica* im 18. Jahrhundert vorstellen. Das Café verdankt seinen Namen dem Gründer, Giorgio Quadri, der das Geschäft im Jahr 1775 zusammen mit seiner Frau eröffnete und in kürzester Zeit dank seines Kaffees zu Berühmtheit gelangte.

85 **CAFFÈ LAVENA**
Piazza San Marco 133–134
San Marco ①
+39 041 522 4070
caffelavena.it

Das auffälligste Stück in diesem von Carlo Lavena gegründeten Café ist der prächtige Kronleuchter im Hauptraum. Dies war das Lieblingslokal von Richard Wagner, aber auch zahllose andere Musiker und Schriftsteller haben sich hier gern aufgehalten.

65 ORTE ZUM SHOPPEN

5 VINTAGE-*Alternativen und* SECONDHAND-*Shops*

86 **PENNY LANE SHOP**

Polo 2102A
San Polo ③
+39 041 524 4134
pennylaneshop.com

Vor zehn Jahren als Secondhand-Laden eröffnet, findet man in diesem winzigen, gut ausgestatteten Laden heute überwiegend neue hochwertige und nachhaltige Kleidung weniger bekannter europäischer Marken. Dazu gibt es verschiedene farbenfrohe Accessoires aus aller Welt.

87 **L'ARMADIO DI COCO**

Calle Frezzaria 1797
+39 041 476 7340
San Marco ①
larmadiodicoco.com

L'Armadio di Coco ist ein Muss für zeitlosen Stil und Eleganz. Die Vintage-Kollektion umfasst Designer-Mode, Haute Couture und seltene, oftmals schwer aufzutreibende Stücke. Hinzu kommen umwerfende Accessoires und Mode von Jungdesignern und Kunsthandwerkern.

88 **VINTAGERIA**

Campo S. Maria
Mater Domini 2120
San Polo ③
+39 348 825 6711

Wer die 80er und 90er liebt, ist hier genau richtig. Bei Vintageria gibt es tolle Secondhand-Mode, teilweise mehr als 30 Jahre alt, die eben wegen ihrer fantastischen Qualität beinahe wie neu aussieht. Die lustige Website und der E-Shop lohnen ebenfalls einen Besuch.

89 **LIBRERIA BERTONI**

Calle de la Mandola 3637/B
San Marco ①
+39 041 522 9583
bertonilibri.com

Vorsicht! Schließlich wollen Sie nicht gegen einen der Buchstapel stolpern, die sich offenbar nicht um die Gesetze der Physik scheren. Hier kann man nach Herzenslust stöbern: seltene Ausgaben, Taschenbücher, Neuerscheinungen und heruntergesetzte Kunstbücher, oftmals zum halben Preis.

90 **USATA BY MARCOPOLO**

Campo Santa Margherita 2915
Dorsoduro ②
+39 041 822 4843
libreriamarcopolo.com

Der jüngste Neuzugang des MarcoPolo-Teams ist diese kleine kunterbunte Schatzkiste von Laden. Unter den gebrauchten Büchern finden sich zahlreiche italienische Erstausgaben internationaler Klassiker, vergriffene Handbücher, Kunst- und Filmkultur-Zeitschriften und vieles mehr.

5 kurzweilige Märkte

UNTER FREIEM HIMMEL

91 **IL MERCATO DELL' ALTRAECONOMIA**
Rio Terà dei Pensieri
Santa Croce ③

Dieser Markt findet jeden Donnerstag zwischen 10:30 und 18:30 Uhr statt. Wie der Name schon andeutet, ist dies kein normaler Markt, sondern hier findet man nachhaltige und ethisch produzierte Waren wie zum Beispiel ökologisch und lokal angebaute Lebensmittel, Arzneipflanzen und natürlich gefärbte Kleidungsstücke.

92 **MERCATO DI RIO TERÀ SAN LEONARDO**
Strada Nova
Cannaregio ④

Dieser kleine Markt befindet sich in der Strada Nova direkt neben der Brücke Ponte delle Guglie. Hier gibt es überwiegend Obst- und Gemüsestände, Fischhändler sowie das ein oder andere Angebot an Haushaltswaren und Kleidungsstücken. Montags bis samstags geöffnet. Die Öffnungszeiten orientieren sich an denen der umliegenden Geschäfte.

93 **MERCATO DI SACCA FISOLA**
Calle del Vaporetto 5
Giudecca ⑥

Dies hier ist die einzige Möglichkeit, Fahrzeuge in Venedig zu sehen. Die Lastwagen werden auf dem Festland mit Waren beladen, dann mit der Fähre hierhergebracht, wo sie geöffnet zu Verkaufsständen umfunktioniert werden. Was kann man hier kaufen? Superfrische Lebensmittel sowie Haushaltswaren und Kleidung.

94 **MERCATO DI VIA GARIBALDI**
Via Garibaldi
Castello ⑤

Unbestritten einer der beliebtesten Märkte für Obst, Gemüse und Fisch bei den Einheimischen. Täglich von 7:00 bis 14:00 Uhr geöffnet.

95 **ORTO DELLE MERAVIGLIE**
IN: CARCERE FEMMINILE DELLA GIUDECCA (FRAUENGEFÄNGNIS)
Fondamenta de le Convertite 712
Giudecca ⑥

Eine tolle Initiative der Genossenschaft Rio Tero dei Pensieri. Der »Garten der Wunder« ist ein 6.000 Quadratmeter großes Feld, das von weiblichen Häftlingen für den Anbau ökologischer Lebensmittel genutzt wird. Die Früchte ihrer Arbeit werden jede Woche an einem Stand an der Fondamenta de le Convertite verkauft.

95 ORTO DELLE MERAVIGLIE

5 *ausgefallene*
BUCHGESCHÄFTE

96 **LIBRERIA TOLETTA**
Sacca della
Toletta 1214
Dorsoduro ②
+39 041 523 2034
latoletta.com

Ein historisches Buchfachgeschäft mit einer Riesenauswahl an englischen Titeln. Zudem einer der größten Buchläden in Venedig. 2008 begann die Libreria Toletta, eigene Bücher zu verlegen, sodass man heute aus 150 Titeln wählen kann. Hier finden Sie zudem eines der führenden Literaturcafés der Stadt.

97 **LIBRERIA BRUNO**
Calle Lunga
San Barnaba 2729
Dorsoduro ②
+39 041 523 0379
b-r-u-n-o.it

Der perfekte Buchladen für Architekten, Designer, Grafikdesigner und sonstige kreative Köpfe. Hier finden Sie eine handverlesene Auswahl an Magazinen, die sonst nur schwer zu bekommen sind. Die Bücher umfassen die Themen Kunst und Design sowie Soziologie, Pädagogik, Verlagswesen und Zeitgeschehen.

98 **LIBRERIA ANTIQUARIA SEGNI NEL TEMPO**
Calle Lunga
San Barnaba 2856
Dorsoduro ②
+39 379 198 1785
segnineltempo.com

Selbst wenn Antiquariate nicht Ihr Ding sind, sollten Sie diesem Laden trotzdem einen Besuch abstatten, wenn Sie gern eine Zeitreise durch die Geschichte Venedigs unternehmen möchten. Neben kostbaren Bänden und Büchern, die man nirgendwo sonst finden würde, gibt es hier Kunstdrucke, Stadtkarten und eine Vielzahl gedruckter Kuriositäten.

99 LIBRERIA LINEA D'ACQUA

Calle della
Mandola 3717/D
San Marco ①
+39 041 522 4030
lineadacqua.it

Bei Linea d'Acqua verkauft man Kunstdrucke, antike Bücher und Ölgemälde, die die ätherische Schönheit Venedigs zeigen. Wenige Sekunden nach Betreten des Ladens wird man automatisch vom großen Bücherregal angezogen. Nehmen Sie ein Buch heraus, atmen Sie den Duft ein und kuscheln Sie sich für ein paar Stunden in einen der zwei hübschen Polstersessel.

100 LIBRERIA STUDIUM

Calle Larga 337
San Marco ①
+39 041 522 2382

Einer der besten Gründe, warum man diesen gut ausgestatteten, zweigeschossigen Buchladen bei San Marco besuchen sollte, ist die handverlesene Auswahl an Büchern zu Venedig, darunter jede Menge Reiseführer und Werke zur Geschichte der Stadt. Hier gibt es auch viele fremdsprachige Ausgaben.

97 LIBRERIA BRUNO

5 tolle Läden für
MITBRINGSEL

101 **I TRE MERCANTI**
Calle al Ponte de la Guerra 5364
Castello ⑤
+39 041 522 2901
itremercanti.it

Dieses Geschäft verkauft erstklassige Lebensmittel und Weine. Neben Weinflaschen für jeden Geschmack und Geldbeutel gibt es hier auch selbst gemachte Pasta in verschiedenen Ausführungen. Das Tiramisu zum Mitnehmen, in der offenen Küche zubereitet, ist ebenfalls empfehlenswert.

102 **GIBERTO**
Calle Caotorta 3565
San Marco ①
+39 041 277 0086
giberto.it

Wo liegt die Grenze zwischen Handwerk und Kunst? Bis zu welchem Maße ist die Arbeit das Ergebnis künstlerischer Inspiration, und wann ist es einfach nur Ausdruck des Seins? Diese Fragen tun sich ganz unweigerlich auf beim Betrachten der raffinierten, aber auch schlichten Glasobjekte von Giberto Arrivabene Valenti Gonzaga. Für den Besuch des Showrooms benötigen Sie einen Termin.

103 **MADERA**
Campo San Barnaba 2762
Dorsoduro ②
+39 041 522 4181
maderavenezia.it

Ein origineller und eleganter Laden für Accessoires, Schmuck und Einrichtungsgegenstände. Das Design dieser Waren, die aus Holz oder Plastik hergestellt sind, ist minimalistisch und zeitgemäß. Perfekt für Mitbringsel, die den ästhetischen Wert Venedigs widerspiegeln, aber gleichzeitig modern anmuten.

104 **DAMOCLE EDIZIONI**
Calle Perdon 1311
San Polo ③
+39 346 834 5720
damocleedizioni.com

Dieses Lädchen verkauft die Bücher des gleichnamigen unabhängigen Verlagshauses. Das Angebot umfasst erlesene Unikate, darunter wunderschöne zweisprachige Ausgaben in Handtaschengröße, handgebundene illustrierte Kunstbücher und elegante Broschüren, die mit beweglichen Lettern gedruckt werden.

105 **CANESTRELLI DI COLUCCIO STEFANO**
Sacca della Toletta 1173
Dorsoduro ②
+39 041 277 0617
venicemirrors.com

Der talentierte Handwerkskünstler Stefano Coluccio findet Inspiration in der Geschichte der Kunst sowie in den Arbeiten früherer Künstler. Seine Werke bestehen aus einzigartig gekrümmten Spiegeln mit in Gouache-Technik vergoldeten Rahmen. Ein Freund von Experimenten.

5 inspirierende
CONCEPT-STORES

106 **DECLARE**
Calle Seconda dei
Saoneri 2671 B/C
San Polo ③
+39 041 822 3227
dclr.it

Schon beim Betreten dieses Concept-Stores werden Sie bemerken, dass selbst im kleinsten Detail ein Hauch von Raffinesse steckt. Es beginnt bei den Auslagen, darunter klassische Ledertaschen und ungewöhnliche Stücke, und setzt sich im gesamten Verkaufsraum fort. Das lässt auf ein großes Interesse an Design und den schönen Dingen des Lebens schließen.

107 **TONOLO SELEZIONI**
Campo Santa Maria
Formosa 5248/A
Castello ⑤
+39 041 241 1941
tonoloselezioni.com

Neben den berühmten Taschen, die aus recycelten Lkw-Planen gewonnen werden, finden Sie hier jede Menge interessanter Dinge, darunter Accessoires, Dekoartikel und Kleidung, vor allem in Schwarz oder Weiß oder einer Kombination daraus, meist in einem schlichten Stil gehalten.

108 **THE MERCHANT OF VENICE**
Campo San
Fantin 1895
San Marco ①
+39 041 296 0559
*themerchantof
venice.com*

Venedig spielte einst eine wichtige Rolle in der Parfümherstellung. Dieser Concept-Store schließt an diese Geschichte an, denn hier erhält man Eau de Parfum und Eau de Toilette, die jeweils die Geruchsnoten der Gewürzrouten in Richtung Osten wieder zum Leben erwecken. Auch die hauseigenen Kreationen sind sehr beliebt.

109 MALEFATTE VENEZIA

Fondamenta dei
Frari 2559/A
San Polo ③
+39 041 524 3125
malefattevenezia.it

Dieser Concept-Store verkauft bunt bedruckte T-Shirts, Taschen und verschiedene andere Dinge aus PVC sowie eine große Auswahl an Schönheitsprodukten. Das Überraschende daran ist jedoch, dass diese Waren in venezianischen Gefängnissen produziert werden unter der Aufsicht der Genossenschaft Rio Terà dei Pensieri.

110 SMALL CAPS

Campo Santa
Margherita 2916
Dorsoduro ②
+39 340 646 1841
smallcaps.it

Nicht wirklich ein Concept-Store, sondern ein Atelier für Grafikdesign, das einzigartige farbenfrohe Poster überwiegend zum Thema Venedig herstellt. Ein perfektes Beispiel, wie es dem kreativen Venedig immer wieder gelingt, sich neu zu erfinden und aus der Masse herauszustechen, dabei aber den eigenen Werten treu zu bleiben.

109 MALEFATTE VENEZIA

5 *stilvolle* SCHUH-FACHGESCHÄFTE

111 ATELIER SEGALIN DI DANIELA GHEZZO

Calle dei Fuseri 4365
San Marco ①
+39 041 522 2115
danielaghezzo.it

In dieser herrlich vielseitigen Werkstatt, wo auf Handwerk noch Wert gelegt wird, scheint die Zeit tatsächlich stehen geblieben zu sein. Hier finden Sie Schuhwerk in mannigfacher Ausführung und Design. Die Modelle des letzten Jahrhunderts – unter der Decke hängend – sind dabei besonders faszinierend. Aber der echte Höhepunkt sind die speziell angefertigten Schuhe – wahre Meisterwerke, die sich an all jene richten, die sich selbst mit einem einzigartigen Schuh belohnen möchten.

112 PIEDÀTERRE

Ruga dei Oresi 60
San Polo ③
+39 041 850 6574
piedaterrevenezia.com

Dieser bunte Laden hat sich auf *le friulane* spezialisiert, echt venezianische Schuhe. Eigentlich stammen diese Schuhe aus Carnia, der Nachbarregion von Friuli (daher der Name). Sie gelangten nach dem Ersten Weltkrieg nach Venedig, als eine Familie aus dem Friaul begann, hier Schuhe zu verkaufen. Bald schon waren sie bei den Gondolieren beliebt, und so fanden sie ihren Weg auch in die Herzen der anderen Venezianer.

113 GIOVANNA ZANELLA

Calle Carminati 5641
Castello ⑤
+39 041 523 5500
giovannazanella.com

Die Werkstatt von Giovanna Zanella befindet sich nur wenige Schritte von der Rialtobrücke entfernt. Die vielen unterschiedlichen Damen- und Herrenschuhentwürfe werden aus farbenfrohen Materialien hergestellt und haben alle gemeinsam, dass sie wirklich einzigartig und unnachahmlich sind.

114 GABRIELE GMEINER

Campiello del Sol 951
San Polo ③
+39 338 896 2189
gabrielegmeiner.com

Der Besuch der Schuhmacherwerkstatt von Gabriele Gmeiner ist wie eine Reise in eine andere Zeit. Alle Werkzeuge, die sie für ihre eleganten und handgefertigten Schuhe benötigt, hängen an den Wänden bereit. Auch wenn die Produkte teurer sind als massenproduzierte Ware, sind sie doch jeden Cent wert.

115 QUORAMI

Calle della Mandola 3730
San Marco ①
+39 041 241 3284

Country und Western in Venedig? Warum nicht! Giorgio ist ein absoluter Meister des Lederhandwerks. In seinem kleinen Geschäft und Atelier produziert er sowohl texanische als auch klassischere Designs. Ein super Tipp für Schuhe, Gürtel, Handtaschen und andere Accessoires, alle handgearbeitet und vor Ort nach Maß gefertigt.

5 *wunderbare Geschäfte für* TEXTILIEN

116 **CHIARASTELLA CATTANA**

Salizada San Samuele 3216
San Marco ①
+39 041 522 4369
chiarastella cattana.com

In diesem Geschäft finden Sie von jedem etwas, von eleganten Wohntextilien und Dekoartikeln über Glaswaren bin hin zu ab und an ein paar heiß begehrten Kleidungsstücken. Alles entworfen und hergestellt in Italien.

118 FORTUNY SHOWROOM AND FACTORY

117 TESSITURA BEVILACQUA

Campiello De La Comare 1320
Santa Croce ③
+39 041 721 566
luigi-bevilacqua.com

Die Fähigkeit Venedigs, Kunsthandwerker jeder Disziplin mit unerreichbaren Fähigkeiten hervorzubringen, ist wahrlich unglaublich. Die Familie Bevilacqua ist dafür nur ein Beispiel. Hier produziert man kostbaren Samt und Seidenstoffe, die seit vielen Jahrhunderten weltberühmt sind und bis in den Kreml exportiert werden.

118 FORTUNY SHOWROOM AND FACTORY

Fondamenta San Biagio 805
Giudecca ⑥
+39 393 825 7651
fortuny.com

Mariano Fortuny war ein vielseitiger und kosmopolitischer Künstler. 1921 erwarb er ein altes Kloster auf der Insel Giudecca, das er in eine Textilfabrik umwandelte. Auch heute noch werden hier seine einzigartigen Stoffe hergestellt. Am Wochenende sind nach Anmeldung Showroom und Garten geöffnet.

119 RUBELLI

IN: CA' PISANI RUBELLI
Piscina S. Samuele 3393
San Marco ①
+39 041 523 6110
rubelli.com

Bedenkt man die erstklassige Qualität, so ist der Showroom bei Rubelli beinah so etwas wie ein Museum. Hier werden die Meisterwerke dieser Weberfamilie ausgestellt. Die Meterware kann man nach Zentimetern oder Kilometern kaufen.

120 CA' NOVA TESSUTI E TENDAGGI

Campo San Luca 4264/A
San Marco ①
+39 041 520 3834
canovatessuti tendaggi.com

Dieses historische Geschäft verkauft eine tolle Auswahl internationaler Marken sowie in Italien entworfene und produzierte Textilien. Bei einem Besuch des Showrooms können Sie sich von der Vielfalt der Farben und Texturen verzaubern lassen und in eine Welt aus Samt und Seide eintauchen. Auch empfehlenswert für Heimtextilien.

5 klassische Boutiquen für
HAUTE COUTURE

121 **STORE VENEZIA SAN MARCO 4260**
Calle Minelli 4260/B
San Marco ①
+39 041 523 8457

Dieser kultige Shop verkauft erlesene Mode mit schlichten und klassischen Schnitten für Männer und Frauen. Das Angebot umfasst außerdem eine große Auswahl an Accessoires wie Schuhe, Parfüms, Schals und Hüte. Perfekt, wenn man nach einem traditionellen Umhang sucht, in der Vergangenheit die bevorzugte Art von Mantel für die Venezianer.

122 **LOUIS VUITTON**
Piazza San Marco 1345
San Marco ①
+39 020 0660 8888
it.louisvuitton.com

Es stimmt schon, dass viele der Dinge, die man hier kaufen kann, wenn auch atemberaubend schön, sich nicht besonders von den Sachen unterscheiden, die auch in Paris oder Tokio zu erstehen sind. Was also ist das Besondere an diesem Geschäft? Die erstaunliche kleine Kunstgalerie für zeitgenössische Kunst im obersten Stock zeigt wechselnde Ausstellungen. Ein Besuch ist lohnenswert.

123 SARTORIA DEI DOGI

Calle del Tentor 1840
Santa Croce ③
+39 041 713 838
sartoriadeidogi.it

Sartoria dei Dogi (Schneider der Dogen) ist ein kleiner, familiengeführter Laden mit einer modernen Interpretation traditioneller venezianischer Schnitte. Der klassische *tabarro* wird zum Beispiel zu einem eleganten und warmen Damencape abgewandelt. Hier finden Sie außerdem farbenfrohe Designs, die nur wenige Kilometer außerhalb von Venedig hergestellt werden.

124 DOLCE & GABBANA

Calle Larga XXII Marzo 2188
San Marco ①
+39 041 520 9991
dolcegabbana.com

Alles, was Dolce & Gabbana entwerfen, ist wunderschön, doch es gibt keine Worte, die angemessen beschreiben, was einen in dieser neuen Boutique erwartet. Den Palazzo Torres als Ladengeschäft zu beschreiben, wäre beinahe schon eine Beleidigung. Das Gebäude, das in neuer Pracht erstrahlt, ist ein Tribut an die Schönheit.

125 MALLONI

Calle Frezzeria 1160
San Marco ①
+39 041 520 2115
malloni.com

Auf einem Spaziergang durch die glitzernde Calle Frezzeria stolpert man unweigerlich über die Schaufenster von Malloni mit sehr stilvollen, unverfälschten und originellen Designs. Im Jahr 2000 gegründet, hat die Marke nach und nach die Herzen ihrer Stammkunden erobert: dank innovativer Ideen, hochwertiger Materialien und eines kunstfertigen Finishs.

5 *Läden für authentische venezianische* MASKEN UND KARNEVALSKOSTÜME

126 **CA' MACANA**
Calle delle Boteghe 3172
Dorsoduro ②
+39 041 277 6142
camacana.com

Die vielen Farben und Formen in diesem historischen Geschäft werden Sie wahrscheinlich umhauen. Zur Rechten sehen Sie eine Gedenkwand mit Bildern von Filmen und Regisseuren, die die Dienste dieser hervorragenden Kostümwerkstatt in Anspruch genommen haben. Hier gibt es auch von Hand dekorierte Masken.

127 **KARTARUGA IL CANOVACCIO**
Calle delle Bande 5369–5370
Castello ⑤
+39 041 521 0393
kartaruga.it

Der Name dieser historischen Werkstatt, ein Wortspiel aus den italienischen Begriffen für »Papier« und »Schildkröte«, wurde von Papiermaschee inspiriert, das Material, aus dem die meisten Masken gefertigt werden, sowie von dem Tier an der Fassade ihrer ersten Werkstatt. Heute arbeitet Kartaruga mit Prominenten und bekannten Marken auf der ganzen Welt zusammen.

126 **CA' MACANA**

128 TRAGICOMICA

Calle dei Nomboli 2800
San Polo ③
+39 041 721 102
tragicomica.it

Diesen wunderbaren Maskenladen finden Sie gegenüber vom Geburtshaus des Dichters Goldoni. Hier ist die Handwerkskunst der traditionellen *maschereri* noch lebendig, die in Venedig schon seit dem 15. Jahrhundert Masken produzieren. Auch wenn es an vielen Stellen in der Stadt Masken zu kaufen gibt, bei Tragicomica werden sie außerdem gleichzeitig produziert.

129 NICOLAO ATELIER

Fondamenta Misericordia 2590
Cannaregio ④
+39 041 520 7051
nicolao.com

Schon allein wegen der märchenhaften Atmosphäre lohnt ein Besuch dieser Werkstatt. Bei Nicolao werden Karnevalskostüme, Stoffe mit Pailletten und Masken von bester Qualität verkauft. Zahlreiche Theater auf der ganzen Welt werden von hier aus mit Kostümen versorgt.

130 ALBERTO SARRIA MASKS

Ruga Vecchia San Giovanni 777
San Polo ③
+39 041 520 7278

Die Kinder des Gründers betreiben diese Werkstatt nun schon seit vielen Jahren und verkaufen hier Papiermaschee-Masken. Außerdem sind Lederwaren, Porzellan und Puppen erhältlich. Die Masken repräsentieren die Charaktere aus der venezianischen Tradition, aber es gibt auch Ausnahmen. Scheuen Sie sich nicht zu fragen, wenn Sie einen speziellen Wunsch haben.

5 *Geschäfte für alle, die noch* BRIEFE MIT DER HAND SCHREIBEN

131 **PAOLO OLBI**
Calle Foscari 3253/A
Dorsoduro ②
+39 041 523 7655
olbi.atspace.com

Paolo Olbi kreiert marmoriertes Papier und ledergebundene Bücher. Dabei orientiert er sich an jahrhundertealten venezianischen Traditionen. Doch auch wenn diese eine große Rolle spielen, kommen moderne Elemente ebenfalls nicht zu kurz. Ein toller Laden für ein authentisches Geschenk aus Venedig.

132 **ANTICA LEGATORIA OFER – EBRU**
Campo Santo Stefano 3471
San Marco ①
+39 041 458 3055
anticalegatoriaofer.com

Das türkische Wort *ebru* bedeutet so viel wie »wolkig«. Der Begriff beschreibt den von Alberto Valdese angewandten Prozess, bei dem prachtvolle farbige Arbeiten entstehen, die die Äderung von Marmor oder die wechselnden Farben von Wolken imitieren. Meist arbeitet er dabei mit Papier, aber im Geschäft gibt es auch Artikel aus Seide, Holz sowie anderen Materialien zu kaufen.

135 GIANNI BASSO STAMPATORE

133 PAPEROOWL

Fondamenta Rio
Marin 821
Santa Croce ③
+39 041 299 3398
it.paperoowl.com

Ein hübscher kleiner Laden mit Werkstätte, wo, zusätzlich zu den traditionellen Handarbeiten aus Papier, auch Schmuck aus einer unglaublichen Vielzahl von Materialien angeboten wird. Die Kollektion »Venedig in einer Schachtel« ist ebenfalls sehenswert. Diese dreidimensionalen Postkarten zeigen einen Scherenschnitt der schönen Stadt.

134 CHARTA

Calle dei Fabbri 831
San Marco ①
+39 041 522 9801
chartaonline.com

Bücherfreunde werden bei Charta voll auf ihre Kosten kommen, denn hier erhält man Bücher mit einzigartigen Bindungen, tolle Kunstdrucke und noch viele verschiedene bizarre Objekte. Beachten Sie bitte, dass der Laden gleichzeitig als Werkstatt dient, sodass er tagsüber auch mal geschlossen sein kann.

135 GIANNI BASSO STAMPATORE

Calle del Fumo 5306
Cannaregio ④
+39 041 523 4681

Der Gutenberg Venedigs. Dieser unglaubliche Künstler druckt alle seine Werke von Hand. Das Geschäft ist vollgestellt mit alten Maschinen, und dazwischen finden sich Setzkästen, Buchplatten, handgeschriebene Briefe, Illustrationen und Visitenkarten. Im Schaufenster ausgestellt sind die Visitenkarten aus eigener Herstellung für einige der bekanntesten Kunden, zum Beispiel Hugh Grant und Ryuichi Sakamoto.

5 OPTIKER

mit originellen Brillengestellen

136 **OTTICA URBANI**
Calle Frezzeria 1280
San Marco ①
+39 041 522 4140
otticaurbani.com

Wenn Sie Designer, Architekt, Künstler oder ein kreativer Kopf sind oder einfach nur Dinge lieben, die hochwertig gemacht sind, dann ist dies für Sie genau der richtige Optiker. Denn Ottica Urbani ist gleichzeitig eine Werkstatt, die Originalmodelle entwirft und herstellt und dabei experimentelle und innovative Materialien voller Kunstfertigkeit und Sorgfalt einsetzt.

137 **L'ALTRAOTTICA**
Calle Longa Santa Maria Formosa 6206
Castello ⑤
+39 041 241 1856
laltraottica.com

Dieses Lädchen verkauft Designer-Brillengestelle weltweit führender Hersteller. 2008 kam eine eigene Marke hinzu: sehr leichte und robuste Holz- und Bambusbrillen aus natürlichen Materialien. Das Gestell passt sich mit der Zeit dem Träger an und wird so zu einem Unikat.

138 **MICROMEGA OTTICA**
Calle delle Ostreghe 2436
San Marco ①
+39 041 296 0765
micromega.it

Micromega Ottica vertreibt eine Reihe von interessanten Gestellen, die eigens von den Betreibern dieser venezianischen Werkstatt entworfen und hergestellt werden. Ihre bekannten Fassungen aus Titanium werden ohne Klebstoff und Schrauben produziert und enthalten lasergeschnittene Gläser, die beinahe schwerelos scheinen.

139 OTTICA MANUELA

Salizada San Samuele 3145
San Marco ①
+39 041 521 0268

Dieses kleine Brillenfachgeschäft ist berühmt für seine Brillengestelle, die arrangiert und ausgestellt werden, als wären sie zeitgenössische Meisterwerke. Und eigentlich sind sie das ja auch, denn die originellen Brillen sind dank innovativer Formen und Materialien echte Hingucker. Hier findet garantiert jeder ein Modell, das seine Persönlichkeit widerspiegelt.

140 OTTICA CARRARO

Calle de la Mandola 3706
San Marco ①
+39 041 520 4258
otticacarraro.it

Eine neue Brille als Souvenir? Warum eigentlich nicht! Bei der bunten Auswahl von Carraro wird sicherlich jeder Kunde fündig. Die meisten Modelle werden aus Zelluloseacetat aus Baumwollflocken hergestellt, sind sehr langlebig und frei von giftigen Inhaltsstoffen.

5

SCHMUCKGESCHÄFTE

für jeden Geschmack

141 **PALWER**
Salizada San
Samuele 3151
San Marco ①
+39 041 528 5435
palwer.com

Der Designer Alessandro Palwer verkauft Schmuck, der sowohl klassisch elegant ist, als auch einen unverwechselbaren zeitgemäßen Stil hat. Rotgold, gehämmertes und geschwärztes Gold sowie braune Diamanten und Smaragde sind nur einige der Materialien, die er in seinen sehr unterschiedlichen, immer aber sehr geschmackvollen und erlesenen Kollektionen verarbeitet.

142 **MAISON 203 VE**
Ruga Vecchia San
Giovanni 419
San Polo ③
+39 041 522 8379
maison203.com

Eine interessante Boutique, die mit High-tech-Bildverarbeitung und 3-D-Drucker hergestellten Schmuck verkauft. Wie man sich vorstellen kann, kommt dabei ein sehr kreatives Design heraus. Trotzdem glaubt man fest an solide Handarbeit, weshalb die Stücke am Ende noch einmal von Hand nachbearbeitet werden. Verwendet werden unter anderem synthetisches Nylon oder Messing.

143 OHMYBLUE

Campo San
Tomà 2865
San Polo ③
+39 041 243 5741
ohmyblue.com

Ohmyblue ähnelt eigentlich eher einer Kunstgalerie als einem Juweliergeschäft. Alle Stücke wurden von Künstlern und Designern gefertigt. Die Formen sind vielfältig, der Stil außergewöhnlich. Außerdem erhalten Sie hier Wohnaccessoires und Kleidung.

144 LABERINTHO LABORATORIO ORAFO VENEZIA

Calle del
Scaleter 2236
San Polo ③
+39 041 710 017
laberintho.com

In dieser Goldschmiede-Werkstatt wird Schmuck ganz nach den individuellen Wünschen der Kunden gefertigt. Die Kollektionen lassen sich schwer in eine Schublade stecken: einfache geometrische Formen, venezianische und byzantinische Motive, die mit Materialien wie Glas, Münzen und Edelmetall umgesetzt werden. Lassen Sie sich inspirieren!

145 MATERIALMENTE

Merceria San
Salvador 4850
San Marco ①
+39 041 528 6881
materialmente venezia.com

Dieser kleine Laden versprüht den Charme eines unbekannten Unterwasseruniversums. Seltsame Meeresbewohner aus Stahl und Glas schweben über der Schmucksammlung, die sich durch ein flüchtiges, beinah esoterisches Design auszeichnet. Die Künstler Maddalena Venier und Alessandro Salvadori entwerfen einzigartige und zeitlose Designs.

5 *Werkstätten für Kreationen aus* GLAS UND VENEZIANISCHEN PERLEN

146 **DAVIDE PENSO**
Fondamenta
Riva Longa 48
Murano ⑦
+39 041 739 819
davidepenso.com

Gibt es einen besseren Ort für Glaskreationen als Murano, wo diese Kunstform entstanden ist? Davide Penso ist einer der bekanntesten Vertreter dieser Kunst und hat seine Werke schon in einigen der wichtigsten Museen ausgestellt. In der Vergangenheit hat er bereits mit vielen bekannten Firmen zusammengearbeitet.

146 DAVIDE PENSO

147 **GOTO MURANO PROJECT**
Merceria Orologio 257
San Marco ①
+39 324 587 1619

Hinter dem *goto de fornasa*, Fornasa-Glas, steckt mehr, als man zunächst vermuten mag. Ursprünglich waren die handgeblasenen Einzelstücke die ersten Arbeiten, die die Lehrlinge anfertigen mussten. Goto ist ein unternehmerisches Projekt mit Fokus auf Individualität und Reife. Das sieht man in jedem einzelnen Stück, so zum Beispiel bei den Krügen und Trinkgläsern.

148 **GENNINGER STUDIO**
Campiello Barbaro 364
Dorsoduro ②
+39 041 522 5565
genningerstudio.com

Ohrringe, Armbänder und Halsketten sind nicht die einzigen Dinge, die Sie im Studio von Designerin Leslie Ann Genninger zu sehen bekommen, die in Venedig ein neues Zuhause gefunden hat. Hier finden Sie auch Kronleuchter oder Gläser, die unter Einsatz von tausend Jahre alten Techniken produziert werden.

149 **VENETIAN DREAMS**
Sestiere Dorsoduru 734
Dorsoduro ②
+39 370 362 2439
marisaconvento.it

Marisa Convento ist die berühmteste venezianische *impiraressa*, also eine Frau, die (atemberaubenden!) Glasperlenschmuck herstellt. Jeder in Venedig hat schon einmal von ihr gehört, denn sie steuert aktiv zu Initiativen bei, die kaum bekannte Kunsthandwerksschätze fördern.

150 **MARINA E SUSANNA SENT**
Campo San Vio 669
Dorsoduro ②
+39 041 520 8136
marinaesusannasent.com

Die Schwestern der Familie Sent geben dem Rohstoff Glas jede nur erdenkliche Form, ob ätherisch oder körperlich. Hier erhält man Schmuck in Form von Seifenblasen, Korallen und sogar indigene Artefakte aus diesem schillernden Material.

45 BAUWERKE ZUM STAUNEN

5 sehenswerte Bauwerke von

PALLADIO

151 **BASILICA DEL REDENTORE**
Campo del Santissimo Redentore
Giudecca ⑥
+39 041 275 0462
chorusvenezia.org

Palladio wurde vom venezianischen Senat beauftragt, die Basilika Il Redentore (Erlöserkirche) zu erbauen im Gedenken an das Ende der schrecklichen Pestepidemie, die die Stadt im Jahr 1577 heimgesucht hatte. Dieses raffinierte Bauwerk ist sehr harmonisch gestaltet und beherbergt wichtige Gemälde von bekannten Künstlern wie Palma il Giovane, Tintoretto und Paolo Veronese.

151 **BASILICA DEL REDENTORE**

152 **KIRCHE SAN FRANCESCO DELLA VIGNA**

Ramo Al Ponte
San Francesco
Castello ⑤
+39 041 523 5341
isevenezia.it

Die Kirche verdankt ihren Namen dem Weingut, das sich hier zuvor befand. Sie geht zurück auf das 16. Jahrhundert und wurde von Sansovino entworfen. Es war jedoch Palladio, der viele Jahre später die elegante Fassade hinzugefügt hat. Das Design des zentralen Fensters erinnert an die Fenster antiker römischer Badehäuser.

153 **BASILICA DI SAN GIORGIO MAGGIORE**

Isola di San
Giorgio Maggiore ⑥
+39 041 522 7827

Die Kirche wurde in den letzten Jahren von Palladios Schaffen entworfen, inspiriert von den Formen antiker römischer Thermen, die der Architekt während seiner Reisen eingehend hatte studieren können. Das Ergebnis: ein feierlich-luftiger Raum, der auch der Konkurrenz gefiel.

154 **CONVENTO DELLA CARITÀ**

IN: GALLERIE DELL'ACAADEMIA

Campo della
Carità 1050
Dorsoduro ②
+39 041 522 2247
gallerieaccademia.it

Heute ist die Accademia eines der wichtigsten Museen in Venedig mit herausragenden Arbeiten von Leonardo (*Der Vitruvische Mensch*) und Giorgione (*Das Gewitter*). Ursprünglich war das Bauwerk jedoch Kirche und Kloster, mit dessen Renovierung Palladio betraut wurde. Nur der Ostflügel des Kreuzgangs hat in seiner ursprünglichen Form bis heute überlebt.

155 **KIRCHE SANTA MARIA DELLA PRESENTAZIONE**

Fondamenta delle
Zitelle 33
Giudecca ⑥
+39 041 309 6605

Die Kirche Santa Maria della Presentazione, auch *Le Zitelle* (Alte Jungfer) genannt, ist Teil eines Jesuitenkomplexes, der jungen Damen ohne Mitgift Obdach bot (daher der Name). Die Zuordnung zu Palladio ist umstritten, viele Details lassen jedoch einen Zusammenhang vermuten.

5 Orte, wo man die Architektur von CARLO SCARPA bewundern kann

156 **FONDAZIONE QUERINI STAMPALIA**
Campo Santa Maria Formosa 5252
Castello ⑤
+39 041 271 1411
querinistampalia.org

Diese Stiftung richtet Kunst- und Fotografieausstellungen und vieles mehr aus. Aber all dies wird kaum der detailreichen Architektur Carlo Scarpas gerecht. Als einer der berühmtesten zeitgenössischen Architekten Italiens hat der Meister hier beim Bau jeden einzelnen Zentimeter und jedes Detail persönlich überwacht.

157 **NEGOZIO OLIVETTI**
Piazza San Marco 101
San Marco ①
+39 041 522 8387

Scarpa hat oft behauptet, er sei im Herzen ein Byzantiner, was dieses Schmuckstück, versteckt in den Arkaden des Markusplatzes, eindrucksvoll unter Beweis stellt. Beachten Sie vor allem die ungewöhnlichen dekorativen Elemente: die herrliche zentrale Treppe, den Reichtum der Materialien und die Raffinesse einzelner Details.

158 **PADIGLIONE ITALIA**
IN: GIARDINI DELLA BIENNALE
Castello ⑤
+39 041 521 8711
labiennale.org

Die venezianischen Giardini della Biennale sind berühmt für ihre Kunstausstellungen sowie die berühmten Namen, die die einzelnen Pavillons entworfen haben, von Giò Ponti bis Stirling. Scarpas Skulpturengarten innerhalb des zentralen Padiglione Italia ist ein absolutes Muss.

159 AULA BARATTO

IN: UNIVERSITÄT CA' FOSCARI

Sestiere Dorsoduro 1686
Dorsoduro ②
+39 041 234 7311
unive.it

Ein tolles Beispiel einer modernen Ergänzung für ein historisches Gebäude. Das Baratto-Auditorium zeigt anschaulich die Vorgehensweise des Maestros, der für dieses Bauwerk mit venezianischen Werkstätten zusammengearbeitet hat. Die Università Ca'Foscari organisiert Gebäudeführungen. Kontaktieren Sie cafoscaritour@unive.it für Buchungen.

160 UNIVERSITÀ IUAV – TOLENTINI

Fondamenta dei Tolentini 191
Santa Croce ③
iuav.it

Dieses erst nach dem Tod von Scarpa fertiggestellte Projekt beweist, dass der Architekt sich nie gescheut hat, neue Wege zu beschreiten. Der alte Zugang in der Fassade, ein Torbogen, wurde abgetragen und zu einem Wasserbecken umgewandelt. An seiner Stelle befindet sich nun ein Schiebetor aus Eisen und istrischem Stein.

5 BASILIKEN,

die man sich anschauen sollte

161 **BASILICA DI SAN PIETRO DI CASTELLO**
Calle Seconda de la Fava 70
Castello ⑤
+39 041 275 0462
chorusvenezia.org

Wie so viele andere venezianische Basiliken ist diese Kirche das Ergebnis einer Aneinanderreihung verschiedener Anbauten und Schichten, die seit dem 9. Jahrhundert hinzugekommen sind. Der bekannteste Eingriff stammt von Palladio, dem das Gebäude auch zugeschrieben wird. Heute hat das Bauwerk den dreischiffigen Grundriss eines Lateinischen Kreuzes und eine dreigeteilte Fassade.

162 **BASILICA DEI SANTI GIOVANNI E PAOLO**
Campo die Santi Giovanni e Paolo 6363
Castello ⑤
+39 041 523 5913
basilicasantigiovanniepaolo.it

Wie so oft in Venedig ist es auch hier schwierig, eine hierarchische Liste all der kostbaren Kunstwerke zu erstellen, die in diesem Backsteinbau, den die Einheimischen »San Zanipolo« nennen, erhalten geblieben sind. In willkürlicher Reihenfolge zählen dazu das *Polyptychon des hl. Vinzenz Ferrer* von Bellini, das mehrfarbige Buntglasfenster von Vivarini und der prächtige Freskenzyklus von Veronese. Aber es gibt noch sehr viel mehr zu entdecken.

162 BASILICA DEI SANTI GIOVANNI E PAOLO

163 BASILICA DI SANTA MARIA DELLA SALUTE

Fondamenta Salute 1
Dorsoduro ②
+39 041 274 3928
basilicasalutevenezia.it

Genauso wie die Basilika Il Redentore wurde auch diese hier als Votivkirche für die Heilige Jungfrau Maria als Zeichen der Dankbarkeit nach dem Ausklang der fürchterlichen Pestepidemie erbaut. Der Bau wurde Baldassare Longhena anvertraut, der – unter Zuhilfenahme mehrerer Lösungsvorschläge von Palladio – eines der repräsentativsten Beispiele für die barocke Baukunst in Venedig geschaffen hat.

164 BASILICA DEI SANTI MARIA E DONATO

Calle San Donato 11
Murano ⑦
+39 041 739 056
sandonatomurano.it

Die aus dem 7. Jahrhundert stammende Basilika hat zwei Schiffe, die von griechischen Marmorsäulen mit byzantinischen Kapitellen getragen werden. Die kostbaren Bodenmosaiken aus Marmor und Glaspaste zeigen geometrische Verzierungen und mythologische Kreaturen und wurden um 1140 geschaffen.

165 KIRCHE VON SANTA MARIA ASSUNTA

Fondamenta dei Borgognoni 24
Torcello ⑨

Die Basilika von Torcello ist ein schlichtes Backsteingebäude. Der Grundstein wurde bereits im Jahr 639 gelegt. Der Glockenturm ist für den gesamten Norden Venedigs ein Richtungsweiser. Bekannt ist die Basilika aber vor allem aufgrund der kostbaren Mosaiken aus Blattgold, die die *Apotheose Christi* und *Das Jüngste Gericht* zeigen.

5 Adressen bekannter PERSONEN AUS DER VERGANGENHEIT

166 **PALAZZO MOCENIGO**
Salizada San Stae 1992
Santa Croce ③
+39 041 721 798
mocenigo.visitmuve.it

Der Palazzo Mocenigo befand sich vom 17. bis zum 20. Jahrhundert im Besitz der Familie Mocenigo, bis der letzte Nachkomme das Gebäude der Stadt Venedig überließ. Ab 1816 lebte hier drei Jahre lang Lord Byron, der in Venedig Armenisch, Italienisch und den venezianischen Dialekt studierte. Hier schrieb er auch sein Drama *Manfred* sowie weitere berühmte Werke.

167 **PALAZZO GIUSTINIAN**
Calle Giustinian 3228
Dorsoduro ②

Im 15. Jahrhundert von der Familie Giustinian, einer der bekanntesten Familien zu Zeiten der Renaissance, erbaut. Wagner wohnte in diesem Palast sieben Monate lang während seines ersten Aufenthalts in der Lagunenstadt im Jahr 1858. Hier komponierte er *Tristan und Isolde*.

169 **PALAZZO FORTUNY**

168 **CASA DI CARLO GOLDONI**

Calle del Scaleter 2794
San Polo ③
+39 041 275 9325
carlogoldoni.visitmuve.it

Goldoni ist einer der berühmtesten venezianischen Dramatiker aller Zeiten. Heute ist sein »Heim in der Lagune« ein ihm gewidmetes Museum, das eine Sammlung seiner Dokumente, Bilder, Porträts und Puppen zeigt. Höhepunkt der Ausstellung sind jedoch das kleine Puppentheater der Familie Grimani ai Servi sowie die dazugehörigen 30 Puppen in detailreicher Kleidung des 18. Jahrhunderts.

169 **PALAZZO FORTUNY**

Calle Traghetto Vecchio 3958
San Marco ①
+39 041 520 0995
fortuny.visitmuve.it

Mariano Fortuny Madrazo war ein vielfältiger Künstler, Maler, Graveur und Bühnenbildner. Er gestaltete auch Textilien und Mode und gründete die Textilfabrik Fortuny, die heute noch traditionell Textilen produziert. Dank ihm verfügt Venedig über ein Fortuny Museum, ein modernes Kunstmuseum in einem Gebäude aus dem 15. Jahrhundert, das er selbst renoviert und zum Wohnhaus umfunktioniert hat.

170 **COLLEZIONE PEGGY GUGGENHEIM**

IN: PALAZZO VENIER DEI LEONI

Calle San Cristoforo 701–704
Dorsoduro ②
+39 041 240 5411
guggenheim-venice.it

Der Palazzo Venier dei Leoni ist ein unvollendetes Bauwerk, das 1748 von Lorenzo Boschetto begonnen wurde, der in Venedig auch die Kirche San Barnabas entworfen hat. 1948 erstand Peggy Guggenheim, berühmte Intellektuelle und Kunstpatronin, den Palazzo und lebte dort die nächsten 30 Jahre. Heute befindet sich hier ein modernes und sehenswertes Kunstmuseum, das von der Guggenheim-Stiftung betrieben wird.

5 VILLEN AM LIDO
vor Venedig

171 **VILLINO MON PLAISIR**
Granviale Santa Maria Elisabetta 14
Lido di Venezia ⑧

Dieses unsymmetrisch geformte Gebäude ist eine kleine Villa aus dem frühen 20. Jahrhundert, die mit Porzellan und Schmiedeeisen verziert wurde und alle Eigenschaften in sich vereint, die typisch für die Architektur auf dem Lido zu dieser Zeit waren: eine seltsame Ansammlung von Archetypen, die von venezianischen Formen bis zu Elementen reicht, die vom österreichischen Architekten Joseph Hoffman inspiriert wurden.

172 **VILLA OTELLO**
Via Dandolo 22
Lido di Venezia ⑧

Die Villa Otello ist ein neugotisches und neubyzantinisches Bauwerk mit Jugendstilelementen. An der Fassade sieht man eine Reihe von längsgeteilten Fenstern mit Kapitellen und schlanken Säulen. Bemerkenswert ist auch das meisterhaft gearbeitete schmiedeeiserne Tor, eines der letzten überlebenden nach den beiden Weltkriegen.

173 **VILLINO GEMMA**
Via Dardanelli 22
Lido di Venezia ⑧

Ein elegantes Gebäude mit vielen Verzierungen. Die Fassade der Villa zeigt ein bemaltes Majolika-Band im ersten Stock und Fresken mit weiblichen Figuren am Dachstuhl.

174 VILLINO DELLE FATE

Via Dardanelli 50
Lido di Venezia ⑧

Die »Villa der Feen« ist ein kleines Gebäude, das 1914 aus verputztem Backstein erbaut wurde, wobei die Details und Dekorelemente aus nacktem Backstein bestehen. Beachten Sie die Farbkombinationen und den kleinen Turm, der an der Seite des Hauptgebäudes herausragt.

175 VILLA EVA

Granviale Santa Maria Elisabetta 49
Lido di Venezia ⑧

Bei der Villa Eva kann man Andeutungen auf den Art-Niveau-Stil und klassische Elemente der Renaissance erkennen. Die beeindruckende Fassade zeigt ein Tympanum und florale Verzierungen.

174 VILLINO DELLE FATE

Die 5 schönsten **PALAZZI** *am Canal Grande*

176 **PALAZZO LOREDAN VENDRAMIN**
Calle Larga
Vendramin 2040
Cannaregio ④
+39 041 529 7111
casinovenezia.it

Entworfen von Mauro Codussi und zwischen dem 14. und 15. Jahrhundert erbaut, zählt dieser Palazzo zu den repräsentativsten Bauwerken der venezianischen Renaissance. Die dreigeteilte Fassade ist ein Beispiel für Balance und Proportion, mit Gurtgesimsen und den drei sich überlagernden architektonischen Stilen dorisch, ionisch und korinthisch. Heute befindet sich im Gebäude das Casinò di Venezia.

177 **CA' D'ORO**
Fondamenta
Trapolin 3932
Cannaregio ④
+39 041 522 2349
cadoro.org

Das Ca' d'Oro muss im 15. Jahrhundert mit seinen triumphalen mehrfarbigen Marmor- und Blattgoldverzierungen wirklich prachtvoll ausgesehen haben (daher auch der Name). Hätte der Kunstpatron Giorgio Franchetti hier nicht eingegriffen, wäre dieses Juwel irgendwann für die Nachwelt verloren gewesen.

178 **PALAZZO GRASSI**
Campo San
Samuele 3231
San Marco ①
+39 041 240 1308
palazzograssi.it

Der Palazzo Grassi ist einer der letzten Paläste, die vor dem Fall der *Serenìsima repùblica* entlang des Canal Grande erbaut wurden. Heute befindet sich hier ein fantastischer Museumskomplex mit der zeitgenössischen Kunstsammlung von François Pinault.

179 **CA' FOSCARI**

Calle Larga
Foscari 3246
Dorsoduro ②
+39 041 234 8111
unive.it

Wahrscheinlich einer der besten Aussichtspunkte am Canal Grande, denn die Lage erlaubt einen weitreichenden Blick von der Gallerie dell'Accademia bis zur Rialtobrücke. Die historischen Räume des Palastes aus dem 15. Jahrhundert, heute Heimat der Università Ca' Foscari, können nach Anmeldung besichtigt werden.

180 **CA' PESARO**

Fondamenta de
Ca' Pesaro 2076
Santa Croce ③
+39 041 721 127
capesaro.visitmuve.it

Ein prachtvolles Beispiel des venezianischen Barock. Der Palast gehörte einst der Familie Pesaro und wurde vom Architekten Baldassarre Longhena entworfen. Die Fassade ist ein beeindruckendes *chiaroscuro* aus Statuen und Basreliefs, die Innenräume wurden von Giovanni Battista Pittoni ausgestaltet. Heute »wohnt« hier die Internationale Galerie für moderne Kunst.

5 BRUDERSCHAFTS-GEBÄUDE *der venezianischen Scuole Grandi*

181 **SCUOLA GRANDE DI SAN MARCO**
Campo dei Santi Giovanni e Paolo 6777
Castello ⑤
+39 041 529 4323
scuolagrandesanmarco.it

Ein tolles Bauwerk, das hilft zu verstehen, warum Venedig so einzigartig ist. Hinter dem vielfarbigen Marmor und dem Trompe-l'œil-Effekt der Fassade verbirgt sich der Eingang zum Krankenhaus der Stadt! In einem prachtvoll ausgestatteten Salon werden alte medizinische Bücher und binarische chirurgische Instrumente ausgestellt. Allein schon die Intarsiendecke lohnt einen Blick.

181 SCUOLA GRANDE DI SAN MARCO

182 SCUOLA GRANDE DI SANTA MARIA DELLA MISERICORDIA

Fondamenta
Misericordia 3599
Cannaregio ④
+39 337 144 0557
misericordiadivenezia.it

Während der Blütezeit der *Serenissima* waren die Bruderschaften der Stadt Laienverbindungen von prominenten Bürgern, die wohltätige Werke vollbrachten. Der Sitz der Misericordia wurde im 16. Jahrhundert von Jacopo Sansovino entworfen. Erst kürzlich renoviert, wird er heute als Veranstaltungsraum genutzt.

183 SCUOLA GRANDE DEI CARMINI

Calle de la
Scuola 2616–2617
Dorsoduro ②
+39 041 528 9420
scuolagrandecarmini.it

Die Scuola Grande dei Carmini wurde im 17. Jahrhundert von Baldassare Longhena erbaut und ist mit ihren gemeißelten Marmorböden, Stuckarbeiten und Intarsiendecken ein wahrer Augenschmaus. Im Kapitelsaal finden sich neun wunderschöne Gemälde von Giambattista Tiepolo.

184 SCUOLA GRANDE SAN GIOVANNI EVANGELISTA

Campiello de
la Scuola 2454
San Polo ③
+39 041 718 234
scuolasangiovanni.it

Wenn Sie auf einer Ihrer Wanderungen zufällig an einem prächtigen Marmorbogen vorbeikommen, dann gehen Sie ruhig einmal hindurch. Der Bogen von Pietro Lombardo ist der Eingang zum Komplex der Scuola Grande San Giovanni Evangelista, ein überwältigendes Gebäude mit Werken von Tiepolo und Palma Vecchio.

185 SCUOLA DI SAN GIORGIO DEGLI SCHIAVONI

Calle Furlani 3259/A
Castello ⑤
+39 041 522 8828
scuoladalmata venezia.com

Diese Brüderschaft ist mit der dalmatischen Gemeinde verbunden (sie wurden »Slawen«, also *schiavoni,* genannt) und die einzige, die bis zum heutigen Tag existiert. Ein Höhepunkt ist der kleine Raum mit einem wunderschönen Freskenzyklus von Carpaccio, der aus dem 16. Jahrhundert stammt.

5 im Ghetto verborgene SYNAGOGEN

186 **SCOLA PONENTINA**
Calle Ghetto
Vecchio 1147
Cannaregio ④
+39 041 715 359
jvenice.org

Wie alle Synagogen im Ghetto befindet sich auch diese im obersten Stockwerk eines existierenden Gebäudes. So konnte man das Verbot gegen den Bau neuer Gotteshäuser umgehen. Daher ist sie von außen nicht sofort als solche erkennbar, auch wenn die Buntglasscheiben in der Fassade auf eine prachtvolle Innenausstattung hindeuten. Die Synagoge kann nur während der sechs Wintermonate besichtigt werden.

187 **SCOLA LEVANTINA**
Calle Ghetto
Vecchio 1154
Cannaregio ④
+39 041 715 359
jvenice.org

Die Levantiner Synagoge ist, wie auch die anderen im Ghetto, mit den Menschen verbunden, die aus ganz Europa kamen, um sich in Venedig niederzulassen, und die sich mit dieser Synagoge ein Gotteshaus erbauten, in dem sie ihre Rituale abhalten und bewahren konnten. Im Gegensatz zur Spanischen Synagoge ist diese hier nur im Sommer geöffnet, wenn die Feste ausgesetzt werden.

188 **SCOLA GRANDE TEDESCA**

Campo di Ghetto Nuovo 2902/B
Cannaregio ④
+39 041 715 012
jvenice.org

Die Große Deutsche Synagoge war die erste, die man im jüdischen Ghetto erbaute. Sie stammt aus dem Jahr 1527, allerdings wurde sie im Spätbarock großzügig umgestaltet. Im 19. Jahrhundert mussten Lage und Ausrichtung aus statischen Gründen umgeändert werden. Die Synagoge kann, wie alle anderen im Viertel, bei einer Führung des Jüdischen Museums besichtigt werden.

189 **SCOLA CANTON**

Calle Orto 1191
Cannaregio ④
+39 041 715 012
jvenice.org

Was die Scola Canton so einzigartig macht im Vergleich zu allen anderen Synagoge im Ghetto, sind die acht Holzpaneele, die verschiedene Geschichten aus der Bibel zeigen. Sie befindet sich an einer Ecke des Platzes und ist dank der kleinen Holzkuppel gut zu erkennen.

190 **SCOLA ITALIANA**

Calle Ghetto Vecchio 2883
Cannaregio ④
+39 041 715 012
jvenice.org

Die Italienische Synagoge ist die kleinste der fünf Synagogen und wurde der jüdischen Gemeinde von Venedig gewidmet. Gleichzeitig ist sie die am wenigsten dekorierte, und sie teilt den Eingang mit einigen Privatunterkünften. Wenn auch im Inneren recht schlicht gehalten, ist sie doch dank der fünf großen Fenster über dem Platz lichtdurchflutet.

5 tolle Beispiele für

ZEITGENÖSSISCHE ARCHITEKTUR

191 **FRIEDHOF VON SAN MICHELE**
Isola San Michele ⑦
+39 041 729 2841

Für Architekten dürfte interessant sein, dass die Erweiterung des historischen Friedhofs von Venedig vom britischen Architekten David Chipperfield entworfen worden ist. Jeder andere mag es vielleicht interessanter finden, dass hier Persönlichkeiten wie Emilio Vedova, Stravinsky und Christian Doppler liegen.

192 **TEATRINO DI PALAZZO GRASSI**
IN: PALAZZO GRASSI
Campo San Samuele 3231
San Marco ①
+39 041 523 1680
palazzograssi.it

Der Architekt Tadao Ando hat den Innenraum dieses kleinen Theaters mit Bögen aus Zement und Marmor ausgestaltet, wobei er mit dem hellen, von oben kommenden Lichteinfall den Raum optisch erweitert hat. Hier finden 225 Zuschauer Platz. Das Theater wird genutzt für Konzerte, Konferenzen, Shows und Projektionen.

193 **EHEMALIGE KIRCHE SANTA MARTA**
Calle Dietro Ai Magazzini
Dorsoduro ②

Nach den fantastisch ausgeführten Restaurierungsarbeiten durch Vittorio De Feo und Vincenzo Casali zeigt dieses romanische Gebäude aus Backstein und Gebälk heute eine elegante Holzstruktur und wird als Ausstellungssaal und Theater eingesetzt.

194 **TORRE MASSIMILIANA**
Via dei Forti
Sant'Erasmo ⑨

Schöne und geschichtsträchtige Architektur. Der Geschützturm aus dem 19. Jahrhundert war Teil eines Festungssystems, das dem Schutz der Lagune diente. Nach langer Zeit des Verfalls wurde er restauriert und dient heute als Kultur- und Ausstellungszentrum.

195 **FONDAZIONE CINI**
IN: LE STANZE DE VETRO / DIE GLASRÄUME
Isola di San Giorgio Maggiore 8
Isola di San Giorgio Maggiore ⑥
+39 041 522 9138
lestanzedelvetro.org

Die Insel San Giorgio lohnt wegen der dort versteckten Schätze auf jeden Fall einen Besuch. Darunter finden sich auch die Glasräume der Architektin Annabelle Selldorf. Diese nackten, minimalistischen Räume sind den Studien und der Präsentation zeitgenössischer venezianischer Glaskunst gewidmet.

195 FONDAZIONE CINI

 TERRASSE DES FONDACO DEI TEDESCHI

95 ORTE, DIE MAN IN VENEDIG ERKUNDEN KANN

5 BEGRIFFE,
die bei der Orientierung helfen

196 **CALLE**

Mit *calle* bezeichnen wir eine Straße zwischen zwei ununterbrochenen Häuserzeilen. Davon gibt es allerdings auch Abweichungen, je nach Art der Straße: der Begriff *callesel* bezeichnet eine sehr enge Straße (bis zu 60 Zentimeter breit), *ramo* steht für eine Sackgasse und *salizada* bedeutet, dass die Straße aus irgendeinem Grund wichtig ist.

197 **CAMPO**

Campo und *campiello* – je nach Größe – ist unser Begriff für »Platz«, das Zentrum des gesellschaftlichen Lebens in Venedig. Einige davon haben einen Brunnenkopf aus Stein, der die Öffnung schützt. Heute sind sie alle versiegelt, aber früher war dies die einzige Quelle für Trinkwasser.

198 FONDAMENTA

Eine *fondamenta* ist eine Straße, die einem Kanal folgt; sie kann ein Geländer haben (muss sie aber nicht) und mit einem Portikus überdacht sein. In diesem Fall bezeichnet man sie auch als *sotoportego*. Viele *fondamente* haben zudem *approdi* oder Anlegestellen aus istrischem Stein, um den Leuten das Ein- und Aussteigen aus Booten zu erleichtern.

199 CORTE

So wie der *campo* ist auch der *corte* (Innenhof) ein freier Raum, der von Gebäuden umsäumt wird. Während allerdings ein *campo* ein eher öffentlicher und sozialer Platz ist, ist der *corte* meist auf die Interaktionen der Bewohner der angrenzenden Häuser beschränkt.

200 RIO

Ein *rio* ist die kleinere Version eines Kanals und ein Schlüsselelement, um das Straßensystem in der venezianischen Altstadt zu verstehen. Einige von ihnen folgen den uralten Wegen der Lagunenkanäle, andere – die, die oftmals schnurgerade sind – wurden künstlich angelegt.

5 *weniger bevölkerte* ALTERNATIVEN ZUR »STRADA NOVA«

201 **FONDAMENTA DEI MORI**
Cannaregio ④

Diese *fondamenta*, die parallel zur Strada Nova verläuft, ist eine perfekte Alternative zum Touristenchaos nebenan. Am Campo dei Mori findet man zudem eine gute Taverne sowie die Statue des Signor Rioba. Ein Stückchen weiter befindet sich auch noch das Haus von Tintoretto, das mit einer Plakette ausgewiesen ist.

202 **CAMPIELLO DELLA SCUOLA**
San Polo ③

Wenn Sie von Rialto zum Bahnhof gelangen müssen, dann sind die engen Nebenstraßen von San Polo eine gute Ausweichmöglichkeit zur Strada Nova. Auf dem Weg über den Campiello della Scuola sehen Sie sogar auf der einen Seite die Scuola Grande San Giovanni Evangelista und auf der anderen die Kirche gleichen Namens.

203 **CAMPO SAN GIACOMO DELL'ORIO**
San Polo ③

Eine andere Möglichkeit, um von Rialto zum Bahnhof zu gehen, ist entlang des Canal Grande. Gehen Sie zum Beispiel durch die Ruga degli Oresi, die von hübschen Geschäften gesäumt wird. Dann begeben Sie sich zum Campo San Cassiano, wo Sie eine Kirche besichtigen können, und überqueren schließlich den Campo San Giacomo dell'Orio in einem immer noch typisch venezianischen Viertel.

204 **CAMPO DEI FRARI**
San Polo ③

Während eines Spaziergangs durch das Herz von San Polo gibt er viele tolle Möglichkeiten, die Schönheiten Venedigs zu entdecken. Gehen Sie den Ramo Cimesin hinauf und in Richtung Campo dei Frari, um in schneller Abfolge das künstlerische Erbe Venedigs zu sehen, und zwar anhand der Scuola Grande (Brüderschaft) von San Rocco und der Basilica dei Frari. In diesem Viertel können Sie auch eine Gondel über den Canal Grande besteigen.

205 **FONDAMENTA SANTA CATERINA**
Cannaregio ④

Die Nordostecke von Cannaregio hat ebenfalls ein paar echte Schätze auf Lager, und das, obwohl sich selten jemand hierher verirrt. Gehen Sie zum Beispiel die Fondamenta Santa Caterina hinunter, wo sich eine Kirche gleichen Namens befindet, und dann zum Palazzo Zeno. Zu Ihrer Rechten, auf dem Campo dei Gesuiti, befindet sich der Crociferi-Kreuzgang – ein perfekter Ort für eine Pause mit Spritz.

5 alte **CASINI** (Gesellschaftsräume), die heute öffentlich sind

206 **CASINO VENIER**
Ponte dei Baretteri 4939
San Marco ①
+39 041 522 7079
afvenezia.it

Das Casino Venier ist das wahrscheinlich faszinierendste *casino*, das heute noch öffentlich zugänglich ist. Perfekt erhalten im Stil des 18. Jahrhunderts, sieht man hier immer noch jede Menge Marmor, Stuck und originale Spiegel. Im Eingangsbereich befindet sich ein Guckloch im Boden, über das man die Person vor der Tür ausspionieren konnte, ohne dabei selbst gesehen zu werden. 1987 wurde das Casino Venier das Hauptquartier der Alliance Française.

207 **CASINO ZANE**
IN: PALAZZETTO BRU ZANE
Campiello del Forner o del Marangon 2368
San Polo ③
+39 041 30 376
bru-zane.com

Dieser Gesellschaftsraum wurde Ende des 17. Jahrhunderts nach den Vorgaben der Werkstatt von Baldassarre Longhena erbaut und sollte ein Freizeitsalon für den nur wenige Schritte entfernten Palazzo Zane sein. Dieser Treffpunkt der Aristokratie wurde von verschiedenen venezianischen Künstlern opulent ausgeschmückt und vor Kurzem einer kompletten Renovierung unterzogen.

208 **CASINO SAGREDO**

Campo Santa
Sofia 4198/99
Cannaregio ④
+39 041 241 3111
casagredohotel.com

Dieses wunderschöne *casino* hat sechs üppig eingerichtete Zimmer mit bemaltem Stuck und Basreliefs, darunter auch Fresken von Giambattista Tiepolo und Pietro Longhi. Heute befindet sich hier ein Hotel, weshalb der Besuch nicht immer möglich ist, aber selbst ein kurzer Blick auf die Treppe von Andrea Tirali ist definitiv lohnenswert.

209 **CASINO DANDOLO**

Calle Vallaresso 1332
San Marco ①
+39 041 520 0211
hotelmonaco.it

Das Casino Dandolo, auch bekannt als »Il Ridotto« (das Privatzimmer), befindet sich im Hotel Monaco, im Erdgeschoss des Gebäudes, und besteht aus einer prächtigen Halle, die von acht Räumen umschlossen wird. Der Palast gehörte einst der Familie Dandolo, wurde aber 1638 vom Staat übernommen, der das Gebäude in eine Spielbank, Il Ridotto, umwandelte.

210 **CASINO DI PALAZZO CORNER CONTARINI DEI CAVALLI**

Ramo de le
Muneghe 3980
San Marco ①

Das *casino* des Palazzo Corner Contarini dei Cavalli ist ein gut gehütetes Geheimnis. Um 1450 erbaut, wird das Gebäude heute als Bürohaus des Justizministeriums genutzt. Fragen Sie nach Einlass und besuchen Sie dann das Zimmer voller Regale mit holländischen Töpferwaren, auf denen Mühlen, Tiere und niedliche Häuser zu sehen sind.

5 *Orte, die in den* CORTO-MALTESE-COMICS *vorkommen*

211 **PONTE WIDMAN**
Cannaregio ④

Giovanni Widman, ein Deutscher niedriger Abstammung, gelangte 1590 nach Venedig, wo er ein Vermögen anhäufte, das dazu führte, dass seine Nachkommen in Venedig und darüber hinaus prestigeträchtige Positionen innehatten. Die Brücke, die nach ihm benannt ist, befindet sich unweit des Campo dei Miracoli. In den Geschichten des Corto Maltese heißt sie die »Brücke der Nostalgie«.

211 PONTE WIDMAN

212 **CORTE BOTERA**
Calle Vesier
Castello ⑤

Alle Wanderungen des Abenteurers Corto Maltese in die Welt beginnen beim Corte Botera, der in den Geschichten *corte sconta detta arcana* (versteckter, auch mysteriöser Hof) genannt wird. Es ist ein kleiner, ganz reizender Platz mit einem Brunnen, einer engen Treppe und einem Balkon voller Blumen.

213 **TIZIANOS WERKSTATT**
Calle Tiziano 5182
Cannaregio ④

In den Geschichten des Comiczeichners Hugo Pratt, dem »Vater« der Corto-Maltese-Figur, ist das Wohnhaus des berühmten Malers Tiziano das Haus des Weltenbummlers Corto Maltese. Heute ist das Atelier leider nicht mehr öffentlich zugänglich, und wenig deutet darauf hin, dass sich hier einmal große Meister die Klinke in die Hand gegeben haben. Nur eine Steintafel lässt Größeres vermuten.

214 **HUGO PRATTS HAUS**
Via Doge Galla 21
Lido di Venezia ⑧

Hugo Pratt lebte fast sein gesamtes Erwachsenenleben im Ausland. Seine Mutter jedoch wohnte in Malamocco, wo er sie gelegentlich besuchte.

215 **DA SCARSO**
Piazzale
Malamocco 5
Lido di Venezia ⑧
+39 041 770 834

Pratt selbst erwähnt dieses rustikale Restaurant, das sich in dem uralten Dorf Malamocco befindet, und zwar in der Geschichte *Der Engel am Ostfenster*. Perfekt für ein Mittagessen im ungewöhnlichen Umfeld eines mit Muscheln und Fischernetzen dekorierten Gartens.

5 PANORAMABLICKE
in Venedig

216 **TERRASSE DES FONDACO DEI TEDESCHI**
Calle del Fontego dei Tedeschi
San Marco ①
+39 041 314 2000
dfs.com

Diese herrliche Aussichtsterrasse auf dem Dach des Fondaco dei Tedeschi bietet einen Rundblick auf die Stadt und die Lagune. Angesichts seiner Beliebtheit bei Touristen wie Einheimischen ist es nicht unwahrscheinlich, dass Sie sich für den Einlass anstellen müssen. Es ist aber möglich, am Eingang oder online ein Zeitfenster zu reservieren.

217 **SKYLINE ROOFTOP BAR**
IN: HILTON MOLINO STUCKY VENICE
Fondamenta San Biagio 810
Giudecca ⑥
+39 041 272 3311
hilton.com

Die elegante Skyline Rooftop Bar dieses prestigeträchtigen Hotels ist für die Öffentlichkeit zugänglich und zählt zu den besten Dingen, die man in der Stadt erleben kann. Deshalb: Genehmigen Sie sich zum Soundtrack von Jazzmusik einen Aperitif und genießen Sie den tollen Blick auf die Punta della Dogana und die Lagune. Wirklich unvergleichlich!

218 **PONTE DI QUINTAVALLE**
DIREKT HINTER DER FONDAMENTA SANT'ANNA
Castello ⑤

In Venedig gibt es sehr viel mehr zu entdecken als Kirchen und Paläste, und den schönsten Blick hat man nicht unbedingt von hoch gelegenen Orten. Diese Brücke, die San Pietro di Castello mit einem weniger touristischen Teil der Stadt verbindet, bietet ein ganz besonderes Panorama auf die Werften und die von Booten bevölkerten Ufer. Weiter entfernt: der erhabene Glockenturm von San Pietro di Castello.

219 **SCALA CONTARINI DEL BOVOLO**
Corte Contarini del Bovolo 4303
San Marco ①
+39 041 309 6605
gioiellinascostidivenezia.it

Eines der schönsten architektonischen Wunder in Venedig! Diese Wendeltreppe kombiniert die zwei charakteristischsten und häufigsten Stile der Stadt miteinander: die Renaissance und die Gotik. Das Beste daran ist jedoch der weite Blick über die Lagune vom obersten Punkt des Turms. Das Bauwerk wird von der Fondazione Venezia verwaltet, die sich auch um weitere, weniger bekannte Bauwerke kümmert und Events und Führungen veranstaltet (mehr Infos auf der Website).

220 **UHRENTUM DES MARKUSDOMS**
Piazza San Marco
San Marco ①
+39 041 4273 0892
torreorologio.visitmuve.it

Dieses Wahrzeichen mitten auf dem Markusplatz überragt die Via Merceria und bietet atemberaubende Ausblicke über die gesamte Lagune. Während Sie die Wendeltreppe hinaufsteigen, können Sie sich die Mechanik des großen Uhrwerks genauer ansehen. Achtung: Das Mindestalter beträgt sechs Jahre.

5 MYSTISCHE ORTE
bei Nacht

221 PIAZZA SAN MARCO
San Marco ①

Vielleicht nicht ganz so offensichtlich: Besuchen Sie den Platz nach Mitternacht und stellen Sie sich in die Mitte. Während Sie die Lagune oder den dunklen Umriss des Glockenturms im Blickfeld behalten, drehen Sie sich langsam um die eigene Achse, bis all die Schönheit, die Sie umgibt, Sie völlig vereinnahmt hat.

222 PUNTA DELLA DOGANA
Dorsoduro ②

Setzen Sie sich an die Punta della Dogana und lassen Sie Ihre Beine über dem schwarzen Wasser baumeln. Beobachten Sie dabei, wie dieser große, dunkle Leib unter Ihren Füßen atmet … Ein inspirierendes Erlebnis, das die wahre Essenz Venedigs aufdeckt.

223 BURANO
Burano ⑨

Burano wird, wie die meisten der großen Inseln, tagsüber von Touristen überrannt; nachts aber zeigt sich ein völlig anderes Gesicht. Überall kann man sanftes Wellenrauschen vernehmen. Machen Sie einen Spaziergang entlang der Fondamenta dei Squeri bis zur hölzernen Brücke, die Burano mit Mazzorbo verbindet, und genießen Sie den Blick aufs Meer, das in der Nacht überraschend ruhig anzusehen ist.

224 **FONDAMENTA MISERICORDIA**

Cannaregio ④

Ein Spaziergang entlang dieser *fondamenta* trifft die richtige Balance zwischen der Vitalität der kleinen Bars, die diesen Weg säumen, und der Stille der weniger belebten Orte. Jede Menge tolle Ausblicke, besonders in der Nacht. Wenn Sie sich weiter in Richtung Westen bewegen, erreichen Sie irgendwann das Ghetto, wo viele Straßenfeste gefeiert werden.

225 **FONDAMENTA DELL'ARSENALE**

Castello ⑤

In der Nacht hüllt sich die Fondamenta dell'Arsenale in ein totenstilles Halbdunkel. Spazieren Sie zum Padiglione delle Navi (Maritimmuseum), überqueren Sie die Brücke und gehen Sie bis zum Löwen von Piräus, der von unten dramatisch beleuchtet wird und Sie herzlich willkommen heißen wird.

225 FONDAMENTA DELL'ARSENALE

Die 5 schönsten **BRÜCKEN** *von Venedig*

226 **PONTE DE BORGOLOCO**
Calle de Borgoloco 5866
Castello ⑤

Ein kleines, recht seltsames Detail findet sich im Eisengeländer dieser Brücke. Wenn Sie von oben draufschauen, sehen Sie vielleicht ein W und direkt darunter ein V, die Ziffer 3 und ein E. Manche behaupten, dies sei ein Hinweis auf König Victor Emmanuel III., der hier während der österreichischen Herrschaft angebracht wurde, als man manches nicht öffentlich aussprechen durfte.

227 **PONTE DEI SOSPIRI / SEUFZERBRÜCKE**
Piazza San Marco
San Marco ①

Sie ist eine Fundgrube für vier Jahrhunderte Sträflingsgeschichte. Die Brücke, die den Dogenpalast mit den Gefängnissen verband, erhielt ihren Namen aufgrund der Tatsache, dass viele Häftlinge, die hier drübergeführt wurden, niemals wieder das Licht des Tages sehen konnten und seufzen mussten, weil sie von der Brücke aus die Schönheiten Venedigs zum letzten Mal sahen.

228 **PONTE DELLA COSTITUZIONE**
Santa Croce ③

Die modernste Brücke von Venedig hat ein schlankes, elegantes Design, aber die Einheimischen können diesem Werk des spanischen Architekten Santiago Calatrava nicht viel abgewinnen. Man hat sich bereits so oft über die Glasstufen beschwert, die als zu schwer zu begehen gelten, dass diese nun durch feste Steinstufen ersetzt werden sollen.

229 **PONTE DELL'ARSENALE**
Fondamenta dell'Arsenale
Castello ⑤

Die Ponte dell'Arsenale wurde in den Dreißigerjahren erbaut. Wegen ihres spitzen Aussehens ist sie sofort zu erkennen. Der Ingenieur Eugenio Miozzi hat sich für seinen Entwurf von der alten Zugbrücke inspirieren lassen, die sich in einigen von Tintorettos Gemälden finden lässt.

230 **PONTE POSTE VECIE**
Fondamenta delle Beccarie 1608
San Polo ③

Diese kleine, geschwärzte Holzbrücke ist angeblich Venedigs älteste Brücke. Das Rialtoviertel, in dem sie sich befindet, zählt zu den ersten Orten, die besiedelt wurden. Am anderen Ende finden Sie das Restaurant Antica Trattoria Poste Vecie, das in einem ehemaligen Postamt untergebracht ist.

5 ROMANTISCHE ECKEN *für den ersten Kuss*

231 **CAMPO ERBERIA**
San Polo ③

Dies ist die Gegend direkt vor der Rialtobrücke, auf der Marktseite. Trotz der zentralen Lage ist diese kleine Ecke vom Chaos der Hauptstraße abgeschirmt. Was könnte romantischer sein, als sich hier zu einem Date zu verabreden, ein Gläschen Wein zu trinken und den Wasserbussen auf dem Canal Grande zuzuschauen?

232 **GIUDECCA**
Giudecca ⑥

Wenn Sie Ihr Date beeindrucken möchten, dann schlagen Sie doch einen Spaziergang entlang der Fondamenta San Biagio vor, die recht breit und von Bäumen gesäumt ist. Danach bringen Sie den Nachmittag in der Skyline Rooftop Bar zum Abschluss, die einen herrlichen Blick über die Stadt bietet. Garantiert ein Volltreffer.

233 **THE VENICE GIARDINI**
HINTER DEM BRITISCHEN PAVILLON
Castello ⑤

Steuern Sie diese gut versteckte Bar hinter dem Britischen Pavillon im Biennale-Garten an. Umgeben von viel Grün, hat man von den Tischen aus einen guten Blick auf die Lagune und den Glockenturm von San Giorgio. Ein zauberhafter Ausblick.

234 CORTE DELLA COMARE

Dorsoduro ②

In Venedig gibt es viele hübsche kleine Plätze, aber dieser hier ist ganz besonders reizend und ruhig und daher bei Pärchen sehr beliebt. Der Corte della Comare ist ein breiterer Abschnitt zwischen schmalen Häusern mit Bogen, jeder Menge Efeu und Blick auf einen *rio*. Sehr romantisch!

235 GARTEN DES PALAZZO SORANZO CAPELLO

Ramo Quinto Gallion o del Pezzetto 770 Santa Croce ③

Die Büros der Soprintendenza für die Künste befinden sich in dem Gebäude auf der anderen Seite des Gartens, der während der Geschäftszeiten zugänglich ist. Dieser grüne Platz beherbergt ein Heer aus Säulen, römischen Statuen und Obstbäumen, aber auch einen naturbelasseneren Abschnitt, der herrlich romantisch ist.

234 CORTE DELLA COMARE

5 CAMPI *(Plätze), wo sich die* EINHEIMISCHEN TREFFEN

236 **CAMPO SANTA MARGHERITA**
Dorsoduro ②

Mitten im Herzen des Univiertels gelegen, erwacht dieser *campo* immer während der Aperitifzeit zum Leben. Kein Wunder, ist er doch ein perfekter Treffpunkt für eine *ombra* und ein gutes Gespräch, das gern bis tief in die Nacht geht.

236 CAMPO SANTA MARGHERITA

237 CAMPO SAN GIACOMO DELL'ORIO

San Polo ③

Im Sommer ist es üblich für Venezianer, von einem Platz zum nächsten zu streifen, besonders wenn es um Festivals und Feierlichkeiten geht. Dabei sticht der Campo San Giacomo dell'Orio heraus, wo lange Gemeinschaftstische aufgestellt werden und jede Nacht Konzerte, Gesang und Tanz stattfinden. Eine festliche Atmosphäre wie auf einem Dorffest.

238 CAMPO SAN POLO

San Polo ③

Der Campo San Polo ist nach dem Markusplatz der größte öffentliche Platz, früher ein beliebter Ort für Veranstaltungen und Feste. Auch heute noch ist er bei Venezianern sehr beliebt und gut besucht, und nicht selten sieht man Kinder auf dem *masegni* (Steinfußboden) spielen. Im Winter steht hier eine Eislaufbahn.

239 CAMPO SAN BARNABA

Dorsoduro ②

Ein schmaler Kanal, der still zu einer Seite dahinfließt, kleine Bars mit Tischen auf der anderen, alles vor der ehrwürdigen Fassade der Kirche San Barnaba. Dies erklärt, warum Campo San Barnaba bei Venezianern und Studenten so beliebt ist.

240 CAMPO SANT'AGNESE

Dorsoduro ②

Spielende Kinder, plaudernde ältere Damen und küssende junge Leute: Auf diesem hübschen *campo* finden Sie die volle Palette des authentischen Venedigs, im Schatten großer Bäume und fern der touristisch geprägten Viertel.

5 *Ideen für*
REGENTAGE

241 BESUCHEN SIE EINEN SQUERO

Ein *squero* (Werft) ist der Ort, wo Schiffe gebaut und instand gesetzt werden. Unter den antiken Werften, die bis zum heutigen Tag überlebt haben, befindet sich die in San Trovaso. Hier gibt es keine richtigen Besuchszeiten: Wenn gerade geöffnet ist, kann man für eine kleine Spende einen Blick in die Werkstatt werfen.

242 NEHMEN SIE AN EINEM WORKSHOP TEIL

Hier gibt es für jeden etwas zu tun: Sie können zum Beispiel Masken dekorieren (camacana.com) oder töpfern (bochaleri.it) – beides auch für Kinder geeignet –, oder Sie erkunden die Welt des Seidendrucks (fallanivenezia.com). Wenn Sie handwerklich nicht so talentiert sind, machen Sie doch einen Kochkurs!

243 BESUCHEN SIE EIN CASINO

Das Casino di Venezia öffnete zum ersten Mal 1638 im wunderschönen Renaissancepalast Vendramin Calergi seine Türen. Das allein ist eigentlich schon Grund genug für einen Besuch. Das Mindestalter für einen Besuch ist achtzehn, angemessene Kleidung ist vorgeschrieben.

244 FAHREN SIE MIT DEM WASSERBUS

Der Wasserbus (*vaporetto*) Nummer 1 verbindet den Piazzale Roma mit dem Lido und fährt dabei über den Canal Grande. Und unterwegs kommt man an den schönsten Palästen Venedigs vorbei. Suchen Sie sich einen Fensterplatz, genießen Sie die Sicht vom Wasser aus und … träumen Sie ein wenig!

245 UNTERNEHMEN SIE EINEN SPAZIERGANG IM REGEN

Was wäre Venedig ohne das viele Wasser? Wenn die Stadt in einen leichten Nebel gehüllt wird, kleine Tröpfchen auf den Kanälen tanzen und den ohrenbetäubenden Lärm für eine Weile ersticken, dann kehrt Venedig noch am ehesten zu seinem eigentlichen Selbst zurück. Das sollten Sie nicht verpassen.

244 UNTERWEGS MIT DEM WASSERBUS

5 weniger besuchte FONDAMENTE für einen Spaziergang

246 FONDAMENTA TOLENTINI

Santa Croce ③

Die Fondamenta Tolentini liegt weit ab von den Touristengegenden. Wenn Sie hier zur Abendzeit aufkreuzen, sehen Sie viele Lichter und Tische. Im Bacareto da Lele können Sie sich auf ein Gläschen Weißwein unter die Studenten mischen. Wenn Sie gern spätabends ausgehen, werden Sie sehen, dass der Campo dei Tolentini völlig menschenleer ist. Nur die Kirche San Nicola da Tolentino ragt dann in all ihrer majestätischen Pracht aus der Dunkelheit heraus.

247 FONDAMENTA DE LA TANA

Castello ⑤

Diese ruhige *fondamenta* in der Nähe der Via Garibaldi in Castello führt an einem der Biennale-Veranstaltungsorte vorbei. Wenn Sie von der Calle Loredana kommen, stolpern Sie vielleicht über eine kleine Eigenheit: eine Wandplakette aus der Zeit der *Serenìsima repùblica,* in der das Mindestmaß für marktreifen Fisch festgelegt wurde.

248 **FONDAMENTA SANT'EUFEMIA**

Giudecca ⑥

Die *fondamenta* überblickt den Giudecca-Kanal und bietet alles, was man sich für einen entspannenden Spaziergang wünschen kann: ein wunderschönes Panorama und fast keine Touristen. Wenn Sie mit dem Wasserbus an der Haltestelle Giudecca anlegen, kehren Sie für einen Imbiss im La Palanca ein und steuern Sie danach direkt die Kirche Il Redentore an.

249 **FONDAMENTA OGNISANTI**

Dorsoduro ②

Wenn Sie sich zufällig auf der Fondamenta Zattere ai Ponte Lungo befinden und dem Chaos um Sie herum zu entkommen versuchen, dann biegen Sie am besten ein in die Calle Trevisan. Von dort gelangen Sie zu einer tollen Alternative, der Fondamenta Ognisanti, die in einen Platz mit Kirche mündet. Das Gebäude aus dem 16. Jahrhundert ist wundervoll mit Fresken dekoriert.

250 **FONDAMENTA GASPARO CONTARINI**

Cannaregio ④

Dies ist einer der schönsten Aspekte von Venedig: Chaotische und unglaublich überfüllte Gegenden wechseln mit Stellen ab, wo man noch die Ruhe genießen kann und nur selten auf Menschen stößt. Die Fondamenta Gasparo Contarini ist ein gutes Beispiel dafür – eine Gegend in der Nähe des Bahnhofs und doch recht isoliert und daher still.

5 coole Fakten zum
MARKUSDOM

Piazza San Marco 328
San Marco ①
+39 041 270 8311
basilicasanmarco.it

251 IKONE DER HEILIGEN JUNGFRAU NICOPEIA

Der Legende zufolge wurde die byzantinische Ikone im 9. Jahrhundert vom Heiligen Lukas gemalt. Sie befindet sich in der Kapelle gleichen Namens im linken Querschiff. Ein typisches Kunstwerk für diese Epoche: mit goldenem Hintergrund, einer starren Komposition und einem zentral ausgerichteten Subjekt. Sie zählt zu den Lieblingsstücken der Venezianer, auch wegen der Legende, die sich um sie rankt.

252 PFEILER VON AKKON

Die zwei Säulen vor der Südfassade der Basilika wurden wahrscheinlich als Kriegsbeute aus der Kirche von Saint-Sabas in Akkon nach Venedig gebracht. Die Monolithen sind mit ägyptisch-syrischen Monogrammen verziert, deren Übersetzung selbst heute noch nicht völlig geklärt ist.

253 DER STEIN, AUF DEM ANGEBLICH JOHANNES DER TÄUFER ENTHAUPTET WURDE

Für lange Zeit war die Taufkapelle des Markusdoms die Heimat eines Steins, auf dem – zumindest der Legende nach – Johannes der Täufer enthauptet worden sein soll. Als Beweis wird das Blut des Heiligen angesehen, das man auf dem Stein zu erkennen glaubte. Aus diesem Grund befindet er sich heute in einem Depot.

254 DER HERZFÖRMIGE STEIN

Bei genauerer Betrachtung entdeckt man in der Nähe der Pala d'Oro (goldenes Altarbild) einen herzförmigen Stein mit einem Dogenhorn und einem Igel. Er markiert den exakten Ort, wo das Herz des Dogen Francesco Erizzo bestattet worden sein soll. Der Igel (*riccio*) ist eine Anspielung auf den ähnlich klingenden Namen des Dogen (Erizzo).

255 BASRELIEF DES PIETRO ARETINO

Der Rahmen der Tür, die von der Basilika zur Sakristei führt, ist mit Bildnissen und Basreliefs verziert. Ungewöhnlich ist das Porträt des Pietro Aretino. Dieser war ein entschieden antiklerikaler Dichter und Satiriker aus der Toskana, der im 16. Jahrhundert lebte.

5 GÄRTEN

zum Entspannen und Beinehochlegen

256 GARTEN DER KIRCHE SAN FRANCESCO DELLA VIGNA

Ramo Al Ponte San Francesco
Castello ⑤

Der Komplex von San Francesco della Vigna umfasst ein Kloster, eine Kirche, einen Gemüsegarten sowie das Weingut, nach dem er benannt wurde. Jeder einzelne Teil ist für sich genommen reizvoll, doch der Besuch eines Weinbergs in Venedig lohnt sich immer. Wegen der eingeschränkten Öffnungszeiten sollte man die Brüder um eine Führung bitten.

256 GARTEN DER KIRCHE SAN FRANCESCO DELLA VIGNA

257 GARTEN VON CA' MOROSINI DEL GIARDIN

Calle Valmarana 4629/B
Cannaregio ④

Trotz der Nähe zur Strada Nova ist dieser Garten relativ unbekannt. Er liegt innerhalb der Mauern des Dominikanerklosters (Einlass bei den Nonnen erbitten!). Zu sehen gibt es einen Gemüsegarten mit Obstbäumen, Laubengänge mit weißen Glyzinien, Rosenbeete und Wilden Wein.

258 PARCO VILLA GROGGIA

Calle del Capitelo 3160/A
Cannaregio ④

Laubbäume, rote Bänke, spielende Kinder, ein Brunnen, Stille, eine seichte Brise, die salzige Luft der Lagune und obendrein ein paar romantische Ruinen: Daraus setzt sich der liebliche Garten der Villa Groggia zusammen, der von Einheimischen zwar geschätzt wird, bei den Touristen jedoch eher unbekannt ist.

259 LAGUNA FIORITA

Fondamenta Abazia 3546
Cannaregio ④
+39 041 524 4097
lagunafiorita.it

Die einzige Baumschule im historischen Zentrum. Bei einem Spaziergang durch die Gewächshäuser genießen Sie den Blick auf die Scuola della Misericordia. Organisiert werden alle Aktivitäten und Verkäufe von der Genossenschaft Laguna Fiorita, die mit Behinderten tolle Arbeit leistet.

260 GARTEN DES IL-REDENTORE-KAPUZINERKLOSTERS

Calle dei Frati 194
Giudecca ⑥
+39 041 522 4348

Die Kirche Il Redentore gehört zum weitläufigen Klosterkomplex sehr engagierter Kapuzinermönche. Sie kümmern sich unter anderem um den alten Gemüsegarten mit Olivenbäumen, Gemüse, Reben und Arzneikräutern. Diese fanden einst Verwendung in der Apotheke (heute noch im Betrieb). Ein Ort der Stille mit Blick auf die Lagune. Anmeldung erforderlich.

5 SPUKORTE
(zumindest der Legende nach)

261 **CA' DARIO**
Campiello
Barbaro 352
Dorsoduro ②

Dieses schöne Gebäude am Canal Grande soll mit einem schrecklichen Fluch belegt sein: Alle, die es in der Vergangenheit besessen haben, starben durch Selbstmord oder Gewalt. Der Ruf entstand im 19. Jahrhundert, nachdem nacheinander die Eigentümer der Reihe nach von Unglücken heimgesucht wurden.

262 **CA' MASTELLIO DEL CAMMELLO**
Calle Tintoretto 3401
Cannaregio ④

Der Legende nach spuken in diesem Palast gutmütige Geister. Es handelt sich dabei um die früheren Besitzer des Hauses, vier Kaufmannsbrüder, die zur Strafe in Stein verwandelt wurden. Die vier Statuen an den Ecken des benachbarten Campo dei Mori sollen an sie gedenken.

263 **CASINO DER GEISTER**
Fondamenta
Gasparo
Contarini 3541
Cannaregio ④

Der Palazzo Contarini dal Zaffo ist ein klassisches Spukhaus, bekannt als das »Casino der Geister«. Die Legende geht auf das 16. Jahrhundert zurück. Ein Maler hatte sein Herz an eine von Giorgiones Liebhaberinnen verloren und nahm sich wegen nicht erwiderter Gefühle das Leben. Seitdem streift seine verzweifelte Spukgestalt durch das Gebäude.

264 **MONUMENT FÜR GIUSEPPE GARIBALDI**
Viale Giuseppe Garibaldi
Castello ⑤

1921 wurde mehrfach berichtet, dass ein Gespenst in einem roten Hemd die Leute abgehalten haben soll, sich in der Nacht der Statue des Giuseppe Garibaldi zu nähern. Der Geist wird Giuseppe Zolli zugeschrieben, der geschworen hatte, den Führer bis in alle Ewigkeit zu beschützen. Dies ist der Ursprung der Statue, die hinter dem Monument für Garibaldi errichtet wurde.

265 **JÜDISCHES GHETTO**
Cannaregio ④

Der Geist in der Italienischen Synagoge wurde erstmals in den Fünfzigerjahren dokumentiert. Einige vermuten hinter der Erscheinung eine berühmte Figur aus der jüdischen Kultur: Rabbi Leone da Modena aus dem 16. Jahrhundert.

264 MONUMENT FÜR GIUSEPPE GARIBALDI

267 BIBLIOTECA DELL'ASSOCIAZIONE SCIENTIFICA PALAZZO CAPPELLO

5 historische
BIBLIOTHEKEN

266 **BIBLIOTECA MONUMENTALE**
IN: SEMINARIO PATRIARCALE DI VENEZIA
Fondamenta Salute 1
Dorsoduro ②
+39 041 274 3973
seminariovenezia.it

Diese stilvolle Bibliothek befindet sich im Patriarchalischen Seminar und kann nach Vereinbarung besichtigt werden. Hier gibt es eine bemerkenswerte Anzahl religiöser Texte, die meisten davon mehr als zweihundert Jahre alt.

267 **BIBLIOTECA DELL'ASSOCIAZIONE SCIENTIFICA PALAZZO CAPPELLO**
Fondamenta Laterano 6391
Castello ⑤
+39 041 522 1307

Der Palazzo Cappello ist Heimat mehrerer Verbände, darunter der Wissenschaftlichen Vereinigung des Palazzo Cappello sowie des Centro Internazionale per la Decorazione e il Restauro degli Apparati Decorativi Barocchi e Neoclassici, das zu diesem Thema eine bedeutende Bibliothek mit über 10.000 Texten besitzt. Selbst der Saal, der die Bücher beherbergt, lohnt mit seiner Decke aus dem 16. Jahrhundert, dem Terrazzoboden und den verzierten Balken einen Besuch.

268 **LUIGI-NONO-ARCHIV**
Calle Cosmo 619/621
Giudecca ⑥
+39 041 520 9713
luiginono.it

Luigi Nono war ein Komponist und Politiker im Venedig des 20. Jahrhunderts. Die nach ihm benannte Stiftung wurde von Nuria Schönberg ins Leben gerufen und widmet sich der Aufgabe, seine Werke zu erhalten und die Materialien, die er geerbt hat, weiterzureichen, darunter Manuskripte, Tonbänder, Bücher, Notenblätter, Vinyl, Fotografien, Poster, Rezensionen und noch vieles mehr.

269 **BIBLIOTECA DELL'ISOLA DI SAN LAZZARO DEGLI ARMENI**
Isola di San Lazzaro degli Armeni ⑧
+39 041 526 0104

Die Bibliothek der Insel von San Lazzaro degli Armeni schützt einen Schatz von geschätzt 170.000 Büchern, darunter größtenteils historische Manuskripte. Die einzigartige Halle, in der all das untergebracht ist, verfügt über eine klimakontrollierte Atmosphäre und ist rund geformt. Dank eines besonderen akustischen Effekts kann man, wenn man exakt in der Mitte steht, das Echo seiner eigenen Stimme hören.

270 **ISTITUTO VENETO DI SCIENZE, LETTERE ED ARTI**
Campo San Stefano 2945
San Marco ①
+39 041 240 7711
istitutoveneto.it

Dieses prestigeträchtige venezianische Institut war früher im Dogenpalast untergebracht. Heute befindet sich das Hauptquartier im Palazzo Loredan. Die anderen Bereiche verteilen sich auf weitere historische Gebäude rund um Venedig. Auf die 300.000 Bücher kann man über das nationale Büchereisystem zugreifen, darunter auch Ausgaben aus dem 17. und 18. Jahrhundert.

5 KREUZGÄNGE
zum Insichgehen und Meditieren

271 **CHIOSTRO DEL MONASTERO ARMENO MECHITARISTA**
Isola di San Lazzaro degli Armeni ⑧
+39 041 526 0104
mechitar.org

Wer Ruhe und Stille sucht, findet sie in diesem Kreuzgang – aber auch das gesamte Kloster und seine kleine Insel sind einen Besuch wert. Zu besichtigen gibt es außerdem eine alte Druckerei und eine eindrucksvolle Bibliothek. Voranmeldung erforderlich.

272 **KIRCHE MADONNA DELL'ORTO**
Fondamenta Madonna dell' Orto 3512
Cannaregio ④
+39 041 719 933

Die Kirche Madonna dell'Orto ist nicht nur ein Museum für religiöse Kunst (zum Beispiel zahlreiche Altarbilder von Tintoretto). Der daran anschließende Kreuzgang ist ein herrlich stiller Ort mit einem Brunnen und Säulengängen zu drei Seiten. Heute finden hier zeitgenössische Kunstausstellungen statt.

273 **KREUZGANG DES KLOSTERS SANTO STEFANO**

Campo Santo Stefano
San Marco ①

Die majestätische gotische Kirche von Santo Stefano steht am Campo gleichen Namens. Nach Betreten wenden Sie sich direkt zur Tür im linken Seitenschiff, die zum mit Fresken verzierten Kreuzgang führt. Er war Teil eines Augustiner-Eremitenklosters, das im 19. Jahrhundert aufgegeben wurde. Heute verbleiben nur einige wenige handgemalte Fragmente, die Szenen aus dem Alten Testament zeigen.

274 **ZYPRESSEN-KREUZGANG**
IN: FONDAZIONE GIORGIO CINI

Isola di San Giorgio Maggiore ⑥
+39 041 271 0211
cini.it

Der Zypressen-Kreuzgang ist ein anmutiger grüner Ort im Komplex der Giorgio-Cini-Stiftung, der zu allen Seiten hin von luftigen Renaissance-Säulengängen umschlossen wird. Im Zentrum in der Nähe des Brunnens stehen die vier prächtigen Zypressen in elegant-symmetrischer Anordnung, die dem Kreuzgang seinen Namen geben.

275 **CENTRO CULTURALE DON ORIONE ARTIGIANELLI**

Rio Terà Foscarini 909/A
Dorsoduro ②
+39 041 522 4077
donorione-venezia.it

Dieser kolossale Komplex erstreckt sich über 10.000 Quadratmeter und hat insgesamt vier Kreuzgänge, einer davon aus dem 15. Jahrhundert. Heute nutzt man das Gelände überwiegend für Unterkünfte und kulturelle Veranstaltungen. Da die Biennale und andere Institutionen den Ort gern in ihr Programm einbinden, ist er nicht selten öffentlich zugänglich.

5 *atmosphärische*
VERLASSENE ORTE

276 FORTE SANT'ANDREA
Isola di Sant'Andrea ⑧

Wie viele verlassene Gebäude aus dem 16. Jahrhundert kennen Sie? Auch dies ist Venedig: Eine zum Schutz der Lagune erbaute Festung, ein ausgezeichnetes Beispiel für Militärarchitektur, heute jedoch dazu verdammt, langsam vor sich hin zu verfallen. Das trägt entschieden zum Charme der Stadt bei.

277 COLONIA CA' ROMAN
Pellestrina ⑩

Das Sommerhaus Ca' Roman wurde in den Dreißigerjahren im Auftrag des Arztes Alberto Graziani erbaut. Hunderte Kinder sind hier untergekommen und haben die Strände in der Lagune genossen. Heute ist das Haus komplett verlassen, hat aber nichts an Attraktivität eingebüßt. Von Zeit zu Zeit werden Fotorundgänge in der Villa veranstaltet (weitere Infos finden Sie auf der Website).

278 **EX-OSPEDALE IN POVEGLIA**
Isola di Poveglia ⑧

Fans von Gespenstergeschichten kommen in Poveglia voll auf ihre Kosten. Diese Quarantänezone aus den Pestzeiten der *Serenìsima repùblica* wurde 1924 in ein psychiatrisches Krankenhaus umgewandelt und nach dem Zweiten Weltkrieg geschlossen. Seitdem machen Geschichten von paranormalen Aktivitäten die Runde. Viele Leute besichtigen das Gelände aus genau diesem Grund.

279 **EX-OSPEDALE SANTA MARIA DELLE GRAZIE**
Isola Santa Maria delle Grazie ⑥

Die Insel, auch bekannt als La Grazia, war einst, ebenso wie San Clemente, San Servolo und Sacca Sessola, eine der »Inseln des Schmerzes«, Standort der Krankenhäuser und Irrenanstalten des vergangenen Jahrhunderts. Erbaut wurde es im 20. Jahrhundert. Heute gibt es Pläne, auf dem verlassenen Gelände Apartments und Hotels zu errichten.

280 **OSSARIO SANT'ARIANO**
Isola Sant'Ariano ⑩

Auf der kleinen unbewohnten Insel Sant'Ariano lebten zu verschiedenen Zeiten die unterschiedlichsten Menschen. 1160 gründeten Benediktinerinnen das Kloster Sant'Adriano. Heute sind davon nur die Fundamente und ein Beinhaus von 1556 übrig – trotz Grundstücksmauer recht gut zu erkennen.

276 FORTE SANT'ANDREA

5 VERANSTALTUNGEN, *die man nicht verpassen darf*

281 REGATA STORICA

Diese Regatta ist für Venezianer äußerst wichtig. Sie findet am ersten Sonntag im September auf dem Canal Grande statt und besteht aus zwei Teilen: der historischen Parade – einer spektakulären Prozession mit Dutzenden von altmodischen Booten mit traditionell gekleideten Ruderern –, gefolgt von den richtigen Regattarennen.

282 REGATA DELLE BEFANA

Nach italienischer Tradition ist die *Befana* eine alte Frau, die am Abend vor dem Dreikönigsfest den Kindern Süßigkeiten und Geschenke bringt. Die am 6. Januar stattfindende Regatta beginnt am Palazzo Balbi und endet in Rialto. Ausrichter ist die älteste Ruderfirma Venedigs, Bucintoro. Die Boote werden von Männern gerudert, die sich als Weihnachtsmann und Befana verkleiden.

283 **SPOSALIZIO DEL MARE**

Die Zeremonie »Vermählung des Meeres« findet an Christi Himmelfahrt statt und ist eine Prozession, die von einem historischen Boot, einer *bissona,* angeführt wird. Sie bringt den Bürgermeister zur Kirche San Nicolò del Lido, wo er einen vom Patriarchen der Stadt gesegneten Ring ins Wasser wirft.

284 **REDENTORE**

Das Fest des Erlösers wird am dritten Sonntag im Juli gefeiert. Es erinnert an die Befreiung der Stadt aus den Klauen der Pest und hat seinen Mittelpunkt rund um die Votivkirche von Giudecca. Die Veranstaltung endet mit einem gewaltigen Feuerwerk, das die Venezianer gern von ihren Booten aus in der San-Marco-Bucht bestaunen.

285 **CARNEVALE**

Der Karneval von Venedig ist einer der berühmtesten und beliebtesten auf der ganzen Welt. Er gehört zu einer jahrhundertealten Tradition und besteht aus einer Vielzahl von Veranstaltungen, zum Beispiel dem Engelsflug und der Festa delle Marie. Wenn Sie kein Fan von Chaos sind, vermeiden Sie die meistbesuchten Tage: Fettdonnerstag (Weiberfastnacht) und Faschingsdienstag.

5 *Tipps für Fans von*
GONDELN UND VOGA VENETA

286 **CANOTTIERI GIUDECCA.COM**

Die Associazione di Canottieri Giudecca bietet Kurse sowohl im traditionellen venezianischen als auch im klassischen Rudern an sowie Segeltörns auf der Lagune. Eine der Gruppen richtet sich ausschließlich an Frauen. Nähere Informationen zu den Aktivitäten gibt es auf dem Blog *unpodidonne.wordpress.com*.

287 **IL FORCOLAIO MATTO**
Calle dell'Oca 4231
Cannaregio ④
+39 041 877 8823
ilforcolaiomatto.it

Forcola ist der Name für die Ruderdolle an den Lagunenbooten. Sie wird aus einem einzigen Stück Holz geschnitzt und verbindet nahtlos Kreativität mit Funktionalität. Der *»remer«*, der diese *forcole* herstellt, muss sehr geschickt vorgehen – wie zum Beispiel Meister Piero Dri. In seiner Werkstatt kann man dazu mehr erfahren.

288 ROWVENICE.ORG

Row Venice ist ein Verein, überwiegend mit Frauen als Mitgliedern, die – zusätzlich zu traditionellen venezianischen Ruderkursen – Touristen weitere spannende Alternativen bietet. Dazu zählt zum Beispiel der Kurs »Cicchetto Row«, der eine Weinverkostung und *cicchetti* beinhaltet.

289 LIBRERIA MARE DI CARTA

Fondamenta dei Tolentini 222
Santa Croce ③
+39 041 716 304
maredicarta.com

Wie der Name »Papiermeer« bereits recht clever andeutet, ist dieser Laden perfekt für alle, die sich für die Schifffahrt interessieren. Hier erhält man Bücher über venezianische Unterwasserkreaturen und Bausets für Miniaturgondeln, Fotosammlungen zur Lagune sowie Seekarten, mit denen man den nächsten Trip um die Welt planen kann.

290 VENICEONBOARD.IT

Auf dieser klar verständlichen und gut strukturierten Website lassen sich vielfältige Ruderaktivitäten buchen, die man mit Freunden und der Familie unternehmen kann. Das Angebot reicht von Unterrichtsstunden im venezianischen Rudern bis zum traditionellen Segeln.

 LABORATORIO OCCUPATO MORION

65 ORTE FÜR KULTUR

5 *Stiftungen*
ZEITGENÖSSISCHER KUNST

291 **ARTISTI ARTIGIANI DEL CHIOSTRO**
IN: EHEMALIGES KLOSTER SANTI COSMA E DAMIANO
Campo San Cosmo 620
Giudecca ⑥
artistiartigianidelchiostro.com

Ein Spaziergang durch den Kreuzgang dieses ehemaligen Klosters ist immer inspirierend. Der gesamte Komplex wurde einer kompletten Restaurierung unterzogen, bei der man auch Ateliers und Werkstätten für junge Künstler eingerichtet hat. Ein Ort, wo Kunst auch heute wieder entstehen kann.

291 **ARTISTI ARTIGIANI DEL CHIOSTRO**

292 **ALBERTA PANE GALLERY**

Calle dei Guardiani 2403/H
Dorsoduro ②
+39 041 564 8481
albertapane.com

2017 eröffnete das neue Hauptquartier dieser Pariser Galerie in den 300 Quadratmetern einer ehemaligen Tischlerei. Alberta Panes Absicht dabei war es, Künstlern den nötigen Platz für großflächige Installationen zu geben. Es finden künstlerisch hochwertige Ausstellungen, Workshops und Gesprächsrunden statt.

293 **A PLUS A GALLERY**

Calle Malipiero 3073
San Marco ①
+39 041 277 0466
aplusa.it

Die A plus A Gallery diente von 1998 bis 2014 während der Biennale als Slowenischer Pavillon. Als Ausstellungsfläche und Treffpunkt arbeitet sie heute mit der School for Curatorial Studies Venice zusammen, wobei versucht wird, sich technisch und experimentell ästhetischen und konzeptuellen Kunstaspekten anzunähern.

294 **FONDAZIONE BEVILACQUA LA MASA**

Piazza San Marco 71/C
San Marco ①
+39 041 520 7797
bevilacqualamasa.it

Diese Stiftung ist ein wichtiger Bestandteil der venezianischen Kunst- und Kulturszene. Sie hat zwei Ableger, eine in San Marco und eine zweite im Palazzetto Tito in Dorsoduro 2826. Hier beteiligt man sich an politischen Dialogen mit Institutionen und fördert zudem viele junge Künstler.

295 **FONDATION VALMONT**

IN: PALAZZO BONVICINI
Calle Agnello 2161/A
Santa Croce ③
+39 041 805 0002
fondationvalmont.com

Der prächtige Bonvicini-Palast aus dem 16. Jahrhundert bietet den idealen Rahmen für die zeitgenössischen Kunstwerke der Fondation Valmont. Zu den Zielen dieser Stiftung gehört neben der Kunstförderung auch deren Vermittlung an ein breites Publikum. Kostenlose kleine, stimmungsvolle Ausstellungen.

5 tolle Orte für KLASSISCHE MUSIK

296 **CENTRE DE MUSIQUE ROMANTIQUE FRANÇAISE**
IN: PALAZZETTO BRU ZANE
Campiello del Forner e del Marangon 2368
San Polo ③
+39 041 30 376
bru-zane.com

Die Aufgabe der Stiftung Centre de Musique Romantique Française ist es, die Musik Frankreichs aus dem 19. Jahrhundert bekannter zu machen. Doch das hält sie nicht davon ab, eine breite Palette von weiteren Veranstaltungen auszurichten, von Kammerspielen bis hin zu symphonischen Opern, darunter auch Events mit Künstlern aus dem Ausland.

297 **FONDAZIONE DELLE ARTI DI VENEZIA**
VERSCHIEDENE ORTE
artivenezia.com

Von 2001 bis 2017 organisierte und förderte das Venezianische Zentrum für Barockmusik Konzerte in einigen der berühmtesten Paläste der Stadt. Nach 2017 entwickelte sich daraus die Venezianische Kunststiftung, die sich auf alle Bereiche der Kunst ausgeweitet hat. Der Auftrag ist immer derselbe: hochwertige Kulturveranstaltungen in atemberaubenden Räumen auszurichten.

298 **L'ASSOCIAZONE CULTURALE MUSICAVENEZIA**

VERSCHIEDENE ORTE

+39 348 060 8528

musicavenezia.org

Die Stiftung MusicaVenezia wurde gegründet, um die Werke venezianischer Komponisten zu fördern. Sie organisiert Musikkonzerte in Palästen und Kirchen, von Klassik bis Moderne. An Feiertagen und zu Festtagen geht es dabei erst richtig hoch her. Der Bonus? Die Veranstaltungen sind fast immer kostenlos.

299 **I MUSICI VENEZIANI**

IN: SCUOLA GRANDE DI SAN TEODORO

Campo San Salvador 4810

San Marco ①

+39 041 521 0294

imusiciveneziani.com

Ein Konzert in Originaltrachten? Warum nicht! I Musici Veneziani spielt ein Repertoire aus der Zeit rund um die Jahrhundertwende des 18. Jahrhunderts und ist das einzige Orchester, das Kostüme trägt, die nach historischen Zeichnungen angefertigt wurden. Die Veranstaltungen finden im prächtigen Kapitelsaal der Scuola Grande di San Teodoro statt.

300 **PALAZZO CONTARINI POLIGNAC**

Calle Sella Rota 874

Dorsoduro ②

palazzocontarini polignac.com

Im 20. Jahrhundert bezog Prinzessin Winnarette de Polignac den Palazzo Contarini, einen wunderschönen Renaissancebau. Die Wohnräume, die den Canal Grande überblicken, hießen zu ihren Lebzeiten viele bekannte Musiker und Komponisten willkommen. Heute ehrt die Stiftung mit einer Reihe von Konzerten zur Biennale und an anderen Tagen ihr Andenken.

5 *Websites für* KULTURVERANSTALTUNGEN

301 **LABIENNALE.ORG**

Dies ist die Website der wichtigsten Kulturveranstaltung in Venedig. Hier finden Sie alle Informationen zu Veranstaltungen und Ausstellungen für Kunst, Architektur, Kino, Tanz, Musik und Theater. Es ist sinnvoll, auch einen Blick auf die Facebook-Seite der Biennale zu werfen, besonders auf die, die sich ausschließlich mit den Veranstaltungen befasst.

302 **VENEZIA360.EU**

Diese Website listet alle kulturellen Veranstaltungen in Venedig sowie eine brauchbare Auswahl an Events in Venetien auf. Man kann auch nach Kategorien suchen, so zum Beispiel Konzerte und Abendveranstaltungen, Ausstellungen, Theaterstücke, Oper und klassische Musik, Kunst und Kultur.

303 **AGENDAVENEZIA.ORG**

Wie der Name schon anklingen lässt, führt Agendavenezia alle Veranstaltungen in der Stadt auf – überwiegend, aber nicht ausschließlich, kultureller Art. Die Kategorien lassen sich täglich neu durchstöbern: Musik, Theater, Tanz, Ausstellungen, Filmfestivals, daneben venezianische Traditionen, Konferenzen, Messen oder Märkte.

304 **VISITMUVE.IT**

Die Website der Fondazione dei Musei Civici di Venezia informiert über das Beste, was die Stadt kulturell zu bieten hat. Ein tolles Werkzeug, wenn man einen Überblick über die permanenten und temporären Ausstellungen an Orten wie dem Dogenpalast, dem Museo Correr oder dem Ca' Rezzonico sucht.

305 **EVENICE.IT**

Neben Kulturveranstaltungen bietet diese Website einen Überblick zu allen gesellschaftlichen Veranstaltungen, die in der Stadt stattfinden, nicht nur zu Ausstellungen und Konzerten. Hier lässt sich geschwind herausfinden, was im Bereich Sport und Partys so alles los ist.

5 *Kirchen mit Arbeiten von*

TIZIANO

306 **SANTA MARIA GLORIOSA DEI FRARI**
Calle del Scaleter 3072
San Polo ③
+39 041 272 8618
basilicadeifrari.it

Die beeindruckende gotische Kirche beherbergt mindestens ein Dutzend Meisterwerke der Kunstgeschichte. Wir beginnen mit Tizianos zwei Gemälden: *Pesaro Madonna* und das Altarbild *Mariä Himmelfahrt*. Hier sieht man das Denkmal für Antonio Canova genauso wie Jacopo Sansovinos *Hl. Johannes der Täufer* und vieles mehr (Donatello, Giovanni Bellini …). Sie werden gar nicht wissen, wo Sie überhaupt anfangen sollen.

307 **SAN SEBASTIANO**
Campezzo San Sebastiano 1686
Dorsoduro ②
+39 041 275 0462
chorusvenezia.org

Das heutige Aussehen dieser einschiffigen Kirche geht auf das 16. Jahrhundert zurück. Auch wenn Architektur und Entwurf schlicht gehalten sind, wartet das Innenleben mit glanzvollen Gemälden und Fresken auf. Neben Tizianos *Hl. Nikolaus* ist San Sebastiano bekannt für den prachtvollen Gemäldezyklus von Veronese sowie die Werke von Sansovino, Tintoretto, Palma il Giovane und anderen Künstlern.

306 **SANTA MARIA GLORIOSA DEI FRARI**

308 SAN LIO

Salizada San Lio 5661
Castello ⑤

Die Kirche von San Lio ist – wie viele andere Gotteshäuser in Venedig – ein Schrein voll unerwarteter Kunstschätze. Hier finden Sie Gemälde wie Tizianos *Hl. Jakob* und Tiepolos *Engel und Tugenden* und nicht zuletzt die Gussoni-Kapelle von Pietro Lombardo.

309 SAN GIOVANNI ELEMOSINARIO

Ruga Vecchia San Giovanni 470
San Polo ③

San Giovanni Elemosinario ist ein schlichtes Backsteingebäude, kompakt und unauffällig, sodass es leicht zu übersehen ist. Die Kirche stammt aus dem 11. Jahrhundert und wurde im 16. Jahrhundert nach der Brandkatastrophe von Rialto neu aufgebaut. Später kam das Tiziano-Gemälde des *Hl. Johannes* hinzu.

310 I GESUITI

Salizada dei Spechieri 4877
Cannaregio ④

Die Kirche von Santa Maria Assunta, bekannt als Il Gesuiti, ist ein Bauwerk mit komplexer Geschichte. Verschiedene Anbauten sorgten für einen Mischmasch aus architektonischen und künstlerischen Stilen. Hier kann man Tizianos *Martyrium des hl. Laurentius* bewundern. Das Gemälde hängt in der ersten Kapelle auf der linken Seite. Es gilt als eine der ersten Nachtdarstellungen in der Geschichte der venezianischen Malerei.

5 THEATER,
die man nicht verpassen darf

311 **TEATRO LA FENICE**
Campo San Fantin 1965
San Marco ①
+39 041 786 654
teatrolafenice.it

La Fenice ist *das* Schauspielhaus von Venedig. Versuchen Sie unbedingt, sich Karten für die Oper zu besorgen, dann das ist eines der schönsten Erlebnisse, die man überhaupt in Venedig haben kann. Auch wenn der Stil wie Rokoko anmutet: Die Oper wurde 1996 von einem großen Brand verwüstet. Ein Phönix steigt doch immer wieder aus der Asche auf.

312 **TEATRO MALIBRAN**
Campiello del Teatro 5873
Cannaregio ④
Castello ⑤
+39 041 272 2699
teatrolafenice.it

Die Wurzeln dieses Theaters liegen in der zweiten Hälfte des 17. Jahrhunderts. Über die Jahrhunderte stark verändert, eröffnete es abermals in seiner derzeitigen Form nach dringend notwendigen Restaurierungsarbeiten im Jahr 2011. Sowohl hier als auch im La Fenice gibt es ein ausgezeichnetes Programm für Opern und Kammerkonzerte sowie Konzerte des Fenice Philharmonic Orchestra.

313 TEATRO GOLDONI

Calle del Teatro 4650/B
San Marco ①
+39 041 240 2011
teatrostabileveneto.it

Wie der Name bereits andeutet, sollte man dieses Theater unbedingt aufsuchen, wenn man in Venedig Prosa sehen möchte. Carlo Goldoni (1707–1793) ist der berühmteste Dramatiker der Stadt. Während der Saison werden hier immer auch seine Komödien aufgeführt. Das Programm umfasst zudem Konzerte und zeitgenössische Stücke.

314 TEATRO AL'AVOGARIA

Corte Zappa 1617
Dorsoduro ②
+39 335 372 889
teatro-avogaria.it

Das Theater wurde zu Beginn des letzten Jahrhunderts als Teil einer Denkschule gegründet, die die Erneuerung der Künste förderte. Heute ist es Gastgeber einer Schauspielschule und einer Reihe von Festivals, die alle Aspekte des zeitgenössischen Theaters abdecken.

315 TEATRO PICCOLO ARSENALE

Campiello Tana 2169/F
Castello ⑤
+39 041 521 8711
labiennale.org

Das Teatro Piccolo ist in einem riesigen Speicher aus dem 16. Jahrhundert auf dem Gelände der Arsenale untergebracht. Durch Umbauarbeiten am historischen Gebäude schaffte der Architekt einen anregenden Raum, der mit neuester Bühnentechnologie ausgestattet wurde. Hier finden in Verbindung mit der Biennale verschiedene Tanz-, Theater- und Musikveranstaltungen statt.

5 *Kirchen mit Meisterwerken von*

TINTORETTO

316 **SANTA MARIA MATER DOMINI**
Corte Piossi 2116
Santa Croce ③

Diese schlichte Renaissancekirche befindet sich an der Stelle eines früheren Gebäudes, das der heiligen Christina gewidmet war. Die heutige Kirche hat den Grundriss eines griechischen Kreuzes mit drei Hauptschiffen. Im linken Teil des Querschiffs hängt eine Arbeit von Tintoretto aus dem Jahr 1561 mit dem Namen *Invenzione della Croce*.

317 **SAN TROVASO**
Fondamenta Bonlini 380
Dorsoduro ②

Die Kirche von Gervasius und Protasius, San Trovaso genannt, hat eine lange Geschichte, die eng mit der Gründungsgeschichte Venedigs verknüpft ist. In der Kapelle des Sakraments im linken Teil des Querschiffs sehen Sie eine Kopie von Jacopo Tintorettos *Abendmahl* sowie eine Kopie des Gemäldes *Die Fußwaschung*. Das Original befindet sich in der National Gallery in London.

318 SAN CASSIAN

Calle dei Morti
Santa Croce ③

Die Kirche von San Cassian geht wahrscheinlich zurück bis auf das 10. Jahrhundert. Das Innere ist reich verziert mit barocken Stuckarbeiten, Marmor und Gemälden aus verschiedenen Epochen. Am Hauptaltar sieht man ein paar Werke von Tintoretto, darunter das Altarretabel *Die Auferstehung Christi* mit dem heiligen Kassian und der heiligen Cäcilia sowie die *Auffahrt in die Vorhölle* und *Die Kreuzigung*.

319 SAN POLO

Campo San Polo
San Polo ③
+39 041 275 0462
chorusvenezia.org

Die Kirche von San Polo befindet sich an einem der größten und beliebtesten Plätze und stammt wohl aus dem 9. Jahrhundert. Im 16. Jahrhundert umfangreich renoviert, sieht man hier heute Werke von Künstlern wie Tintoretto (*Letztes Abendmahl*) und Veronese (*Sposalizio della Vergine*) sowie die Deckengemälde in der Sakristei von Giandomenico Tiepolo.

320 SAN ROCCO

Campo San Rocco 3063
San Polo ③

Die Kirche von San Rocco ist eng verbunden mit der Geschichte der benachbarten Scuola Grande. Das Innere ist mit Fresken und Gemälden reich verziert. Das eindrucksvolle erzählerische Werk von Tintoretto, dessen Darstellungen die letzten Stationen im Leben des Heiligen beleuchten, lohnt einen genaueren Blick.

5 alternative AUSSTELLUNGSRÄUME

321 **SPAZIO PUNCH**
Fondamenta San Biagio 800/O
Giudecca ⑥
+39 348 890 9065
spaziopunch.com

Es ist nicht leicht, den Charakter dieses Chamäleons in Worte zu fassen, das sich mit jeder neuen Veranstaltung komplett zu verwandeln scheint. Die Basis ist ein umgewandelter Industriekomplex, den man bis auf das Gerippe zurückgebaut hat. Künstlerische Projekte werden, jedes für sich, mit speziellen konzeptuellen Arrangements eingerichtet, sei es für ein Biennale-Event oder für eine unabhängige Ausstellung.

322 **LABORATORIO OCCUPATO MORION**
Calle del Morion 2951
Castello ⑤

Ein charmantes Zentrum, das irgendwo zwischen postrevolutionärem Sozialzentrum, Speakeasy während der Prohibition und Neunzigerjahre-Kitsch anzusiedeln ist. Trotzdem einer der wenigen Orte in Venedig, wo man Billard spielen, Cocktails schlürfen und einen unterhaltsamen Abend verbringen kann.

321 **SPAZIO PUNCH**

323 M9 – MUSEO DEL '900

Via Giovanni Pascoli 11
Venezia Mestre ⑩
+39 041 099 5941
m9museum.it

Ein tolles Beispiel für ein topaktuelles Museum, das ohne eine Dauerausstellung mit verstaubten Exponaten auskommt. Stattdessen gibt es hier spannende Installationen, unterstützt von neuester Technologie – VR-Brillen, Hologramme und interaktive Projektionen. Voller Dynamik wird so die Geschichte des 20. Jahrhunderts mit all ihren Wendungen und Entwicklungen erzählt. Sehr zu empfehlen, selbst für die Kleinsten.

324 GAD – GIUDECCA ART DISTRICT

Fondamenta San Giacomo 211/B
Giudecca ⑥
gad-giudecca artdistrict.com

Das GAD, ein Netzwerk kontemporärer Kunstprojekte und Künstler, wurde 2019 ins Leben gerufen. Es verteilt sich auf mehrere faszinierende Industriestandorte auf der Insel Giudecca. Das Ziel ist die Entwicklung eines Dauerprogramms mit Ausstellungen, Residenzen und Kunstateliers. Der Plan ist, jedes Jahr ein Thema und einen kuratorischen Ansatz als Leitlinie für künstlerisch-kulturelle Projekte vorzugeben, die für alle offen sind.

325 CREATURE DI GOMMA – VENICE VINTAGE TOY

Calle de la Vida 2390/A
San Polo ③
+39 347 428 7621
creaturedigomma.com

Dieses irre Museum ist das Zuhause von mehr als 5000 Gummi-Spielzeugen. Die meisten stammen aus den 50er- bis 80er-Jahren und kommen aus der Welt der Cartoons und Comics. Ein Erlebnis voller Nostalgie für ältere Besucher, die gern ihren Kindern die Helden ihrer Kindheit zeigen möchten.

5 wunderbare
MOSAIKEN im Markusdom

326 **DODEKAEDER-MOSAIK**
Piazza San Marco 328
San Marco ①
+39 041 270 8311
basilicasanmarco.it

Das Dodekaeder hatte in der Antike ganz unterschiedliche Bedeutungen. Für Platon war es ein Symbol für die Harmonie in der Natur; es gibt aber auch einen Bezug zum Planeten Venus, der in Verbindung zur Stadt Venedig steht. Das hat Paolo Uccello wahrscheinlich dazu inspiriert, im Atrium unweit des Haupteingangs des Markusdoms dieses prachtvolle Mosaik zu erstellen.

326 DODEKAEDER-MOSAIK

327 RHINOZEROS-MOSAIK

Auf der linken Seite der Basilika des heiligen Isidor befindet sich die ungewöhnliche Darstellung eines Rhinozeros mit einem stilisierten roten Baum im Hintergrund. Datierung, Bedeutung und Symbolgehalt sind nicht abschließend geklärt, aber man vermutet eine Verbindung zur »Macht« oder sieht darin einen Talisman gegen Krankheiten.

328 RAUTE AUS ROTEM PORPHYR

Eine Raute aus rotem Porphyr ist im Boden des Vestibüls direkt vor dem Haupteingang eingelassen. Sie markiert den genauen Punkt, wo Kaiser Barbarossa im Jahr 1177 vor Papst Alexander III. kniete.

329 MOSAIK VON CHRISTUS PANTOKRATOR

Die Mosaiken in dieser Kirche wurden über einen langen Zeitraum erschaffen, wobei wahrscheinlich ein striktes Bildprogramm verfolgt wurde. Das älteste Mosaik ist das in der Apsis, genannt Christus Pantokrator, das im 16. Jahrhundert noch einmal umfassend überarbeitet wurde.

330 MOSAIK DER ZWEI HÄHNE

Will man alle Tiere finden, die in der Basilika dargestellt werden, hat man so einiges zu tun. Beginnen Sie am besten mit den Pflastersteinen vor dem Altar der Thronenden Madonna, wo man zwei Hähne erkennen kann, die einen gefesselten Fuchs wegtragen. Diese Symbole beziehen sich wohl auf die Tugenden und Laster, die man im Mittelalter bestimmten Tieren zugeschrieben hat.

5 *Orte für*
SHAKESPEARE-FANS

331 **IL BANCO ROSSO**
Calle Ghetto Vecchio 2912
Cannaregio ④
+39 041 740 317

Die älteste Pfandleihe im jüdischen Ghetto ist heute für die Öffentlichkeit zugänglich und hat sogar ein kleines Museum integriert. Angeblich hat dieser Ort Shakespeare dazu inspiriert, den *Kaufmann von Venedig* zu schreiben. Der Name stammt von der roten Farbe der Pfandscheine, die die Kunden im Austausch für ihre gepfändeten Waren erhalten haben.

332 **OTHELLOS WOHNHAUS**
Campo dei Carmini 2615
Dorsoduro ②

Cristoforo Moro lebte am Campo dei Carmini. Er war ein venezianischer Patrizier und angeblich die Inspiration hinter Shakespeares *Othello*. In der Tat finden sich zahlreiche Parallelen: Er verlor seine Frau, als er als Kapitän einer Galeere drei Jahre in Zypern verbrachte. Seine zweite Frau wurde als »weißer Dämon« bezeichnet.

333 **RIALTOBRÜCKE**
San Marco ①
San Polo ③

Jeder kennt die Rialtobrücke. Aber nur wenige wissen, dass sie auch in Shakespeares *Kaufmann von Venedig* erwähnt wird. Auch wenn wir nicht sicher sind, ob der Dichter jemals Italien besucht hat, schien er doch genug über die Stadt zu wissen.

334 **DESDEMONAS WOHNHAUS**
IN: PALAZZO CONTARINI FASAN
Campiello Contarina 2307 San Marco ①

Wenn wir davon ausgehen, dass Cristoforo Moro das echte Vorbild für Othello war, dann könnte das Haus seiner zweiten Gattin (»weißer Dämon«) das Haus der Desdemona sein. Wir meinen damit natürlich den Palazzo Contarini Fasan, ein schmales, überschwänglich verziertes Haus am Canal Grande.

335 **JÜDISCHES GHETTO**
Cannaregio ④

Das Jüdische Ghetto war ursprünglich Heimat der Gießereien, genannt *getto*, wo Metalle gegossen wurden (*gettare*). Das Wort, das wir heute verwenden, beruht auf einem Aussprachefehler. Hier lebte auch einer von Shakespeares berühmtesten Charakteren: der Pfandleiher Shylock.

334 DESDEMONAS WOHNHAUS

5 Gebäude, *die man (nur) während der* **BIENNALE** *sehen kann*

336 **PALAZZO BARBARO**
Campiello Pisani 2840
San Marco ①
labiennale.org

Dieser Komplex besteht eigentlich aus zwei Palästen: dem Palazzo Barbaro Curtis aus dem 15. Jahrhundert sowie aus dessen Erweiterung, dem Palazzo Barbaro. Während der Biennale wird seit 2015 das Erdgeschoss des Palazzo Barbaro für Ausstellungen genutzt. Allein der atemberaubende Blick auf den Canal Grande lohnt sich.

337 **PALAZZO BEMBO**
Riva del Carbon 4793–4785
San Marco ①
+39 041 241 3683
palazzobembo.com

Auch wenn das Innere stark überarbeitet wurde, ist die Fassade dieses wunderschönen Palastes mit Blick auf den Canal Grande dem original gotischen Stil der Stadt treu geblieben. Heute befindet sich hier ein Hotel, aber während der Biennale finden im Gebäude Nebenveranstaltungen statt.

338 **CATALONIA IN VENICE**
Calle de Quintavale 40/A
Castello ⑤

Allein der Spaziergang hierher ist bereits ein Erlebnis. Noch dazu kann man dabei einen der urtümlichsten Orte Venedigs besuchen. In dieser außergewöhnlichen Lage, dem Winterlager der Boote, veranstaltet das Ramon-Llull-Institut seit vielen Jahren Veranstaltungen zum Thema Katalonien. Während der Biennale summt es hier vor Licht, Poesie und Kunst.

339 **PALAZZO DONÀ DALLE ROSE**
Fondamente Nove 5038 Cannaregio ④

Das geschichtsträchtige Haus der Familie Donà dalle Rose wurde im 17. Jahrhundert auf Geheiß des Dogen Leonardo Donà dalle Rose errichtet. Es hat zwei Fassaden im Stil der Renaissance, eine in Richtung Rio dei Gesuiti, die andere mit Blick auf die Insel Murano und die nördliche Lagune.

340 **SANTA CROCE DEGLI ARMENI**
Rio Terrà de le Colonne 1059 San Marco ①
+39 041 526 0104

Die kleine Kirche ist nicht leicht zu finden, denn der schlichte Eingang verbirgt sich in einem *sotoportego*. Der Besuch ist sogar noch schwieriger. Nichtsdestotrotz ist dieses Bauwerk aus dem 12. Jahrhundert ein wichtiges Zeugnis zur Geschichte der armenischen Gemeinde und kündet von der Weltoffenheit Venedigs.

5
FOTO- UND DESIGN-AUSSTELLUNGEN

341 **BERGGRUEN INSTITUTE EUROPE**
Fondamenta Zitelle 43
Giudecca ⑥
berggruen.org/centers/venice

Das als »La casa dei tre oci« bekannte Gebäude hat wie viele venezianische Palazzi eine illustre Vergangenheit. 2023 wurde es vom Berggruen Institute übernommen und zu einem Zentrum für Kunst und Kultur gemacht. Ein Besuch lohnt sich schon allein wegen des Ausblicks auf den Dogenpalast.

342 **FONDATION WILMOTTE**
Fondamenta dell'Abazia 3560
Cannaregio ④
+39 041 476 1160
fondationwilmotte.com

Dieser Tipp ist in der Tat größtenteils unbekannt. Das Gebäude ist das venezianische Hauptquartier der französischen Stiftung Wilmotte, die Kunst, Architektur und Fotografie fördert. Ganz besonders im Frühjahr lohnt sich der Besuch, selbst wenn es nur bis vor die Tür geht, wo der Oleander herrlich blüht. Auch die zeitlose Atmosphäre der Räume ist sehenswert.

343 PALAZZO-CINI-GALERIE

IN: PALAZZO FOSCARINI
Campo San Vio 864
Dorsoduro ②
+39 041 241 1281
palazzocini.it

Die Palazzo-Cini-Galerie befindet sich im Palazzo Foscarini und ist der Nachlass des Unternehmers und Politikers Vittorio Cini, der zu Lebzeiten eine große Sammlung von Kunstwerken zusammengebracht hat. Diese wird heute hier ausgestellt. Darüber hinaus gibt es Sonderausstellungen für Fotografie, Architektur und Design.

344 FONDAZIONE PRADA

Ca' Corner della Regina 2215
Santa Croce ③
+39 041 810 9161
fondazioneprada.org

Im prächtigen Palazzo Ca' Corner della Regina aus dem 18. Jahrhundert befindet sich das venezianische Hauptquartier der Prada-Stiftung. Seit 2011 kann man das Gebäude in all seiner Pracht bewundern und das Kulturprogramm nutzen, das sich um alle Spielarten der zeitgenössischen Kunst dreht, darunter Malerei, Fotografie, Bildhauerei, Film und Design.

345 FONDAZIONE BERENGO

IN: PALAZZO CAVALLI FRANCHETTI
Campo Santo Stefano 2847
San Marco ①
+39 041 739 453
fondazioneberengo.org

Die Berengo-Stiftung war schon immer eng mit Murano und dem kostbarsten Kulturgut der Insel, der Glasbläserei, verbunden. Auch zeitgenössische Kunst, Architektur und Design werden eingebunden und erfahren hier Förderung. Diese spannende Mischung kulminiert in sehenswerten Ausstellungen und Veranstaltungen.

5
KUNSTGALERIEN

346 **HOLLY SNAPP GALLERY**
Calle delle Botthege 3133
San Marco ①
+39 041 296 0824
hollysnappgallery.com

Während der Künstler Geoffrey Humphries zwischen London und Giudecca hin und her reist, kümmert sich seine Ehefrau um die Galerie. Hier verkauft sie seine Arbeiten (und auch die anderer Künstler), darunter venezianische Landschaftsbilder, Stillleben und Akte.

347 **GALLERIA MASTINU GIORGIO**
Calle Crosera 3126
San Marco ①
+39 347 182 8553
giorgiomastinu.it

Diese Galerie ist die wahrscheinlich kleinste Kunstgalerie in Venedig. Aber keine Sorge: Die Qualität wird einfach nur auf engstem Raum kondensiert. Sie ist vor allem bekannt für Werke aus Papier wie zum Beispiel Zeichnungen, Fotografien, Kunstdrucke, Bücher und vieles mehr.

348 **KUNSTGALERIE CONTINI**
Calle Larga XXII Marzo 2288
San Marco ①
+39 041 523 0357
continiarte.com

Die Kunstgalerie Contini ist seit 40 Jahren fester Bestandteil der venezianischen Kunstszene. Heute befindet sie sich in einem beeindruckenden fünfgeschossigen Haus, in dem Kunstwerke einiger der bekanntesten Künstler der Vergangenheit und Gegenwart ausgestellt werden, darunter Fernando Botero, Julian Schnabel und Christo.

349 **KUNSTGALERIE CATERINA TOGNON**
Corte Barozzi 2158
San Marco ①
+39 348 856 1818
caterinatognon.com

Diese große Kunstgalerie im Palazzo Treves zeigt Glaskunstarbeiten und arbeitet mit Künstlern der Studio-Glass-Bewegung zusammen. Sie ist eine der wichtigsten europäischen Galerien mit dem Fokus auf dieses Medium.

350 **GALERIE DOROTHEA VAN DER KOELEN**
Calle dei Calegheri 2566
San Marco ①
+39 327 692 3693
galerie.vanderkoelen.de

Mit nur 19 Jahren gründete Dorothea van der Koelen, damals noch Studentin, ihre erste Galerie in Mainz. Seit 2001 besitzt die Kunsthistorikerin und Unternehmerin auch eine Galerie in Venedig sowie zwei Verlage und ein Kunstmagazin. Die italienische Filiale verfolgt ein klares und striktes Programm und bietet eine große Palette an Veranstaltungen.

348 KUNSTGALERIE CONTINI

5 Geschichten zu den

KAPITELLEN DES DOGENPALASTS

351 **VÖGEL MIT BEUTE**
IN: PALAZZO DUCALE
Piazza San Marco 1
San Marco ①
+39 041 271 5911
palazzoducale. visitmuve.it

Wenn Sie genau hinschauen, entdecken Sie eine Handvoll von Kapitellen, die Vögel und ihre Beute zeigen: einen Storch mit einer Schlange, einen Vogel mit einem Fisch und auch einen Ibis. In der mittelalterlichen Symbolik werden Vögel von Sonnenwende und Tagundnachtgleiche beeinflusst und repräsentieren das empfindungsfähige Leben.

351 VÖGEL MIT BEUTE

352 **MONATE DES JAHRES**

Sowohl der Sternen- als auch der venezianische Kalender beginnen im März, symbolisiert durch einen Musiker mit Doppelhorn. Der April ist das Basrelief eines Bullen, der Mai wird mit einer Rose repräsentiert. Der Juni bringt Kirschen, der Juli Weizen und so weiter. Jeder Monat wird mit einer Feldfrucht oder einem Tierkreiszeichen in Verbindung gebracht.

353 **TODSÜNDEN**

Die sieben Todsünden werden von der gleichen Anzahl sehr anschaulicher Allegorien repräsentiert: Die Völlerei isst und trinkt gierig, die Wollust ist eine Frau mit entblößten Brüsten, der Zorn reißt sich die Kleider vom Leib … Können Sie alle ausmachen und auch erraten, was sie darstellen sollen?

354 **HANDWERK**

Die Kapitelle des Dogenpalasts zeigen auch verschiedene Handwerkskünste, die anhand der Kopfbedeckungen, die den einzelnen Professionen zugeschrieben wurden, zu erkennen sind: Notar, Goldschmied, Schmied, Schuster und Ladenverkäufer – übrigens der Einzige, der ohne Kopfbedeckung ist.

355 **BIBELSZENEN**

An den Eckkapitellen finden sich Szenen aus der Bibel. Sie sind so angeordnet, dass sie eine Geschichte erzählen, beginnend an der Südwestecke, wo die Erschaffung Adams dargestellt wird.

PAPER MONSTERS
I 10 MIGLIORI GIOCHI DEL MONDO
PAPER ZOO
Sarai la mia principessa
INDOMITE
COSE OGGETTI SCOMPARSI

25 DINGE, DIE MAN MIT KINDERN UNTERNEHMEN KANN

5 tolle BUCHGESCHÄFTE für Kinder

356 **LIBRERIA SULLALUNA**
Fondamenta Misericordia 2535
Cannaregio ④
+39 041 722 924
sullalunavenezia.it

Ein bezaubernder Ort für eine Atempause, perfekt für die ganze Familie. Eine Mischung aus Bar, Buchgeschäft und Bistro, wo man gutes Essen bekommt. Dazu gibt es eine große Auswahl an Graphic Novels und Comicbüchern, mit einigen tollen Fundstücken speziell für Kinder. Eine Abteilung beschäftigt sich nur mit dem Thema Venedig.

357 **EDITIONS DU DROMADAIRE**
Barbaria delle Tole 6656
Castello ⑤
+39 041 529 9014
dromadaire.it

Die Bücher dieses winzigen Verlags sind echte Meisterwerke. Sie finden Dromalibri, eine Sammlung wunderschöner handgebundener Editionen mit poetischen Illustrationen, in der Werkstatt in der Barbaria delle Tole. Die Dromad'Arte-Kollektion besteht aus limitierten Auflagen von Büchern, die komplett von Hand gemacht sind, sowie aus den herrlichen Drucken der Künstler Florence Faval und Pierre Hornain, die die Idee zu diesem fantastischen Projekt hatten.

358 **BIBLIOTECA BETTINI JUNIOR**

Campo San Provolo 4704/A
Castello ⑤
+39 041 274 7630
comune.venezia.it

Ein Tag in der Bücherei? Warum nicht! Die Biblioteca Bettini Junior hat nicht nur Bücher speziell für Kinder, sondern ist auch ein sehr aktives Zentrum für Veranstaltungen und Treffen aller Art, von Comicbuch-Workshops über Märchenstunden mit Musik und Buchpräsentationen bis hin zu Rapmusik und Stop-Motion-Workshops.

359 **ZAZÀ COMIC SHOP FUMETTERIA**

Calle de l'Ogio 2424
San Polo ③
+39 041 822 3204
zazacomics. business.site

Comicbuchläden sind nicht nur etwas für Kinder. Das beweist dieser kleine, erst vor Kurzem eröffnete Laden, der auch all jenen Erwachsenen gefallen wird, die noch nicht ganz »ausgewachsen« sind. Die Auswahl an Comicheften ist beeindruckend und reicht von Klassikern bis hin zur Fiktion, angereichert mit politischen und aktuellen Themen.

360 **LIBRERIA MARCOPOLO**

Campo Santa Margherita 2899
Dorsoduro ②
+39 041 822 4843
libreriamarcopolo.com

MarcoPolo ist ein unabhängiges Buchgeschäft in Dorsoduro. Hier gibt es elegante Titel und illustrierte Bücher für Kinder und Erwachsene. Die Kinderbuchabteilung ist bei MarcoPolo besonders gut bestückt. Hier finden zudem Autorentreffen und Fotografiekurse statt.

5 *fantastische kindgerechte*
MUSEEN

361 **MUSEO STORICO NAVALE**
Riva San Biasio 2148
Castello ⑤
+39 041 244 1399
marina.difesa.it

Beachten Sie die zwei großen Anker, die den Eingang markieren. Nur hereinspaziert in das Historische Marinemuseum, wo man dank Waffen, Gemälden und Kanonen mehr über die Geschichte Venedigs als stolze Seefahrerstadt erfährt. Was man nicht verpassen darf? Den *Bucintoro*, das prachtvolle goldene Staatsschiff, in dem der Doge während der Himmelfahrtsprozession gefahren wurde.

362 **MUSEO LEONARDO DA VINCI VENEZIA**
IN: CHIESA DI SAN BARNABA
Campo San Barnaba 2771
Dorsoduro ②
+39 339 798 5464
leonardoavenezia.com

Die Ausstellung zeigt etwa vierzig, teilweise interaktive Modelle von Leonardos Erfindungen, unterteilt in vier Themenbereiche: Mechanik, Krieg, Flug und Wasser. Kenner werden außerdem die Kirche, in der die Exponate untergebracht sind, als einen der Drehorte des dritten Teils der Indiana-Jones-Saga wiedererkennen.

363 MUSEO DE FISICA ANTONIO MARIA TRAVERSI

IN: LICEO MARCO FOSCARINI

Fondamenta Santa Caterina 4942
Cannaregio ④
+39 347 863 8987
museotraversi.it

Das Erstaunlichste an diesem Museum ist, dass es sich in einer Schule befindet Und nicht nur das: Die Besuchergruppen werden sogar von Schulkindern herumgeführt! Es wurde während der Besetzungszeit Napoleons gegründet, als der damalige Rektor, Abt Antonio Maria Traversi, ein bedeutender Physiker, seine kostbare Sammlung wissenschaftlicher Instrumente dieser Schule vermachte.

364 MUSEO DI STORIA NATURALE

Salizada del Fontego dei Turchi 1730
Santa Croce ③
+39 041 270 0303
msn.visitmuve.it

Das Museum am Fondaco dei Turchi ist seltsamerweise weniger gut besucht. Dabei ist dieses Naturkundemuseum sowohl für Kinder als auch Erwachsene eine spannender Ort. Es gibt eine sehr gut strukturierte Ausstellung und einen unterhaltsamen Lehrpfad. Eine Abteilung befasst sich mit der Lagune, eine andere mit Dinosauriern.

365 BIBLIOTECA DEL COLORE DELLA FORNACE ORSONI

Calle dei Vedei 1045/A
Cannaregio ④
+39 041 244 0002
orsoni.com

Das Beste an der Glasbläserei Orsoni, der einzigen, die heute noch in Venedig produziert, ist die sogenannte »Bibliothek der Farben«, eine erstaunliche Sammlung von 3.000 verschiedenen Blattgoldfärbungen auf Glas. Ein Ort, wo deutlich sichtbar immer noch Handwerkskunst und Geschichte mit Poesie verschmelzen.

5 *tolle*

GESCHÄFTE FÜR KINDER

366 **LA CASA DI LEO**
Calle de la Mandola 3718/C
San Marco ①
+39 370 121 9876
leovenezia.com

Kätzchen Leo ist das Maskottchen dieses ganz den Kindern gewidmeten Ladens. Neben Spielzeug gibt es hier auch Lesestoff, darunter die vom venezianischen Schriftsteller und Historiker Alberto Toso Fei erdachte Geschichte von Leo, mit dem zusammen die Kinder Venedig erkunden können.

367 **SIGNOR BLUM**
Campo San Barnaba 2840
Dorsoduro ②
+39 041 419 2692
signorblum.it

Wer kann schon dem fröhlichen Schaufenster von Signor Blum widerstehen? In diesem historischen Geschäft mit Werkstatt finden Sie Puzzles, Uhren, kleine venezianische Häuser und Sammelobjekte. Alles ist sehr bunt und garantiert handgefertigt.

368 **AL PUPO**
Strada Nuova 2212
Cannaregio ④
+39 041 719 922
alpupo.it

Diese familiengeführte Boutique hat bereits viele Generationen venezianischer Kinder eingekleidet. Hier finden Sie alles, was das Herz begehrt, von üppigen Taufkleidern über hübsche, handgefertigte Schuhe bis hin zu lustigen Accessoires wie Mützen, Schürzen und vielem mehr – natürlich immer »Made in Italy«.

369 **BARCHETTA DI CARTA DI MARIA MARIANO**

Calle dei Cristi 1731
San Polo ③
+39 041 564 6888
barchettadicarta.wordpress.com

Ein charmanter kleiner Laden, in dem die Besitzerin – die übrigens auch Bücher und Illustrationen restauriert – die meisten Artikel selbst herstellt. Hier bekommt man Papierobjekte fürs Schlafzimmer oder supersüße Stofftiere, jedes mit eigenem Namen und eigener Lebensgeschichte versehen.

370 **GILBERTO PENZO**

Calle Seconda dei Saoneri 2681
San Polo ③
+39 041 524 6139
veniceboats.com

Es gibt wohl kaum einen Laden, der venezianischer sein könnte als dieser hier. Die Seele der Stadt … auf engstem Raum zusammengepfercht. Die Modelle in allen Größen und in unterschiedlicher Komplexität stellen verschiedene historische Boote nach und sind eine tolle Möglichkeit, Kindern spielerisch die Grundlagen der Lagune beizubringen.

370 GILBERTO PENZO

5 CAMPI,
auf denen Kinder sicher spielen können

371 **CORTE DEI CORDAMI**
Calle Corte dei Cordami
Giudecca ⑥

Die Länge dieses ungewöhnlich schmalen Platzes ist ein Hinweis auf seine Geschichte, denn früher wurden hier Hanfseile hergestellt. Im Sommer sieht man oft ältere Damen auf den Treppenstufen der Häuser sitzen, während die Kinder um den Brunnen herum Fangen spielen.

371 CORTE DEI CORDAMI

372 **PARCO DELLE RIMEMBRANZE S. ELENA**

Castello ⑤

Der Garten von S. Elena ist der wahrscheinlich größte Park in Venedig. Eine wunderschöne Grünfläche mit vielen Bäumen in einem weniger touristischen Teil der Stadt, wo die Kinder sicher spielen können. Von hier hat man einen atemberaubenden Blick über die Lagune und den Lido, besonders an Sommerabenden.

373 **GIARDINI REALI**

San Marco ①

Die Königlichen Gärten sind perfekt für eine Verschnaufpause mit den Kleinen. Sie sind praktisch gelegen, direkt hinter der Biblioteca Nazionale Marciana. Häufig sieht man hier Schulgruppen auf Wandertag oder Kinder aller Altersstufen, die sich noch einmal kräftig austoben, bis es weitergeht zur nächsten Sehenswürdigkeit.

374 **GIARDINI DI CA' REZZONICO**

Fondamenta Rezzonico Dorsoduro ②

Ein kleiner, hübscher Garten im Herzen Venedigs, der mit seinen vielen Sitzbänken und italienischen Hecken eine wahre Oase der Ruhe ist. Ein toller Ort zum Beinehochlegen, wenn man die Museen im Stadtzentrum besichtigen möchte.

375 **GIARDINO MARINARESSA**

Riva dei Sette Martiri Castello ⑤

Dieser herrliche baumbestandene Garten mit Blick auf die Lagune wird (auf positive Weise!) durch seine Nähe zum historischen Hauptquartier der Biennale beeinflusst. Während des Kulturfestivals finden hier viele Veranstaltungen statt, und es werden auch immer wieder neue Kunstinstallationen und Skulpturen aufgestellt.

5 lustige AKTIVITÄTEN, die die Kinder lieben werden

376 **TÖPFERKURS**
BEI: I BOCHALERI
Viale Giuseppe Garibaldi 1257
Castello ⑤
bochaleri.it

Venedig ist berühmt für Glas, Masken und Spitze, aber auch die Keramikherstellung hat eine lange Tradition. Wer in diesem Bereich aktiv ist, teilt gern sein Wissen. Aus diesem Grund wurde 2003 der Verein I Bochaleri gegründet, der das Ziel hat, das Töpferwesen zu schützen und bekannter zu machen. Es finden regelmäßig Kurse für Kinder und Erwachsene statt.

377 **BOGENSCHIESSEN**
BEI: COMPAGNIA ARCIERI DEL LEON
Via Malamocco 14/B
Lido di Venezia ⑧
+39 041 276 0223
arcierileon.it

Der Bogensportverein La Compagnia Arcieri del Leon organisiert Kurse für Anfänger, wobei das Mindestalter neun Jahre beträgt. Wenn Sie das noch nie ausprobiert haben, melden Sie sich doch für den achtstündigen Crashkurs an, der mit einem Zertifikat abgeschlossen wird. Die Ausrüstung wird komplett gestellt.

378 **MASKEN DEKORIEREN**
BEI: CA' MACANA
Calle de le Boteghe 3172
Dorsoduro ②
+39 041 277 6142
camacana.com

Dieser Laden für historische Masken bietet Kurse auf Italienisch, Englisch und Russisch. Wählen Sie Ihre Maske aus und lassen sie sich die zwölf unterschiedlichen Techniken zeigen. Schließlich gibt es kein besseres Souvenir aus Venedig als eine selbst dekorierte Maske.

379 **SIEBDRUCK**
BEI: FALLANI VENEZIA-CENTER FOR THE ARTS
Calle Lunga Santa Caterina 5001/A
Cannaregio ④
+39 335 585 1689
fallanivenezia.com/it/workshop/

Das faszinierende Atelier wurde im Jahr 1968 von Fiorenzo Fallani gegründet, der den Siebdruck aus den USA nach Venedig brachte. Heute arbeitet dieses bedeutende Kunstzentrum mit verschiedenen Museen und Unternehmen zusammen. Es werden zwei Arten von Aktivitäten angeboten: für Einzelpersonen sowie für Familien. Auf der Website finden Sie die Preise und Programmzeiten.

380 **TAUCHKURSE**
BEI: SPIAGGIA HOTEL EXCELSIOR
Lungomare Guglielmo Marconi
Lido di Venezia ⑧

Eine Tauchschule, die Einführungsveranstaltungen für Kinder ab vier Jahren anbietet. Die Kleinsten werden vor allem die Schnorchelkurse lieben, während Kinder ab zehn Jahren bereits an echten Tauchkursen teilnehmen können.

378 MASKEN DEKORIEREN

25 ORTE ZUM ÜBERNACHTEN

5 **KLÖSTER**, *in denen man die Nacht verbringen kann*

381 **ISTITUTO CANOSSIANO SAN TROVASO**
Fondamenta de le Romite 1323/A
Dorsoduro ②
+39 041 240 9711
romite1323.com

Die perfekte Wahl, wenn Sie nach einer schlichten und sauberen Unterkunft für die Nacht suchen. Im Istituto Canossiano können Sie in Frieden und absoluter Stille die Augen schließen und trotzdem dank der zentralen Lage tagsüber schnell herumkommen.

382 **ABTEI VON SAN GIORGIO**
Isola di San Giorgio Maggiore ⑥
+39 375 632 3595
abbaziasangiorgio.it

Wenn Sie sich dazu entschließen, in einem der fünf Gästezimmer der Abtei von San Giorgio unterzukommen, dann müssen Sie sich zwei Dinge vor Augen halten: Sie werden an einem der schönsten Orte in Venedig schlafen, berühmt für Kunst und Geschichte, und: Ihr Aufenthalt wird es Ihnen ermöglichen, das Leben der Gemeinschaft hautnah mitzuerleben.

383 **CENTRO CULTURALE DON ORIONE ARTIGIANELLI**
Rio Terà Foscarini 909/A
Dorsoduro ②
+39 041 522 4077
donorione-venezia.it

Das Kulturzentrum Don Orione Artigianelli ist ein sehr großer Komplex mit Räumen für Kulturveranstaltungen, Ausstellungen und Konferenzen. Es beherbergt vier Kreuzgänge und befindet sich im Herzen des Viertels Dorsoduro. Die Zimmer sind schlicht, aber komfortabel, und von völliger Stille umgeben.

384 DOMUS CILIOTA

Calle delle
Muneghe 2976
San Marco ①
+39 041 520 4888
ciliota.it

Das ehemalige Augustinerkloster befindet sich nur wenige Minuten vom Markusplatz entfernt. Es wurde Ende des 15. Jahrhunderts gegründet und von Napoleon geschlossen. Die Gästezimmer überblicken einen wunderschönen Klostergarten und sind sicherlich weitaus komfortabler, als man von einem Kloster erwarten würde. Tolles Preis-Leistungs-Verhältnis.

385 CASA CABURLOTTO

Fondamenta
Rizzi 316
Santa Croce ③
+39 041 710 877
casacaburlotto.it

Dieses in Bahnhofsnähe gelegene ehemalige Kloster ist eine praktische Wahl, wenn man mit viel schwerem Gepäck anreist. Trotzdem ist auch das Zentrum gut zu erreichen. Die Zimmer sind schlicht, sauber und äußerst preiswert. Das i-Tüpfelchen: der Garten.

383 CENTRO CULTURALE DON ORIONE ARTIGIANELLI

5 *tolle* PENSIONEN *am Kanal*

386 **HOTEL PENSIONE ACCADEMIA – VILLA MARAVEGE**
Fondamenta Bollani 1058
Dorsoduro ②
+39 041 521 0188
pensioneaccademia.it

In der Gegend hinter dem Canal Grande gelegen, überblickt dieses hübsche Hotel einen offenen und luftigen *rio* und bietet einen tollen Blick auf das gegenüberliegende Ufer. Die Zimmer sind alle im venezianischen Stil eingerichtet und schauen teilweise auf den hübschen Garten.

387 **PENSIONE SEGUSO**
Calle Pisto 779
Dorsoduro ②
+39 041 528 6858
pensioneseguso.com

Die wunderbare Pension Seguso ist schon seit mehr als einhundert Jahren im Geschäft und heute, genauso wie ganz zu Beginn, ein familiengeführtes Unternehmen. Das Sahnehäubchen der Unterkunft ist zweifellos der Blick auf den Giudecca-Kanal. Vernünftige Zimmerpreise.

388 **GENERATOR**
Fondamenta Zitelle 86
Giudecca ⑥
+39 041 877 8288
generatorhostels.com

Die perfekte Unterkunft für junge Reisende. Das B&B ist sehr gepflegt und befindet sich am Giudecca-Kanal. Es ist zwar ein weniger touristisches Viertel von Venedig, aber trotzdem in bequemer Reichweite zum Zentrum.

389 **ANTICA LOCANDA MONTIN**
Fondamenta
Borgo 1147
Dorsoduro ②
+39 041 522 7151
locandamontin.com

Seit dem 19. Jahrhundert ein historisches, familiengeführtes Hotel mit schlichten und doch gemütlichen Unterkünften. Mehrere berühmte Persönlichkeiten sind hier in der Vergangenheit bereits abgestiegen. Am besten ist dabei das Restaurant mit hübschem Garten, wo frischer Fisch serviert wird.

390 **B&B CA' FUJIYAMA**
Calle Lunga San
Barnaba 2727/A
Dorsoduro ②
+39 041 724 1042
fujiyamavenice.it

Eine japanische Pension mitten in Venedig? Warum nicht! Das B&B Fujiyama verfügt nur über vier Gästezimmer – klein, aber nett und komfortabel. Selbst wenn Sie hier nicht übernachten, der Teesalon ist einen Besuch wert. Hier kann man köstliche und erlesene Teesorten in einem kleinen Garten voller Glyzinien und Jasmin genießen.

388 GENERATOR

5 KLEINE HOTELS
für süße Träume

391 **POLO'S TREASURES**
Calle del Campaniel 1796
San Polo ③
+39 041 524 3785
polostreasures.it

Nicht direkt ein Hotel, aber ein altes Gebäude, das erst vor Kurzem voller Sorgfalt restauriert, in Apartments aufgeteilt und im venezianischen Stil mit zeitgemäßer Note eingerichtet wurde. Ein kleines, komfortables Nest im Herzen der Stadt.

392 **PALAZZO SODERINI**
Campo Bandiera e Moro 3611
Castello ⑤
+39 338 117 6357
ondasnc.it

Eine kleine Pension mit einfacher, aber geschmackvoller Einrichtung im Stadtviertel Castello. Sehr gut öffentlich angebunden, nicht weit von der Piazza San Marco entfernt. Im Sommer wird das Frühstück im hübschen kleinen Garten serviert.

393 **OLTRE IL GIARDINO**
Fondamenta
Contarini 2542
San Polo ③
+39 041 275 0015
oltreilgiardino-venezia.com

In Venedig findet man nicht oft große Häuser mit eigenem Garten. Die Komponistin und Autorin Alma Mahler liebte dieses hier so sehr, dass sie es zu ihrem Zuhause auserkor. Heute ist es ein Hotel mit vielen kleinen Details und großen Zimmern mitten im Zentrum der Stadt.

394 **AVOGARIA 5 ROOMS**
Calle dell'
Avogaria 1629
Dorsoduro ②
+39 041 296 0491
avogaria.com

Avogaria ist ein kleines Hotel mit nur fünf Gästezimmern, ein gut ausgestattetes Plätzchen, das Sie recht herzlich willkommen heißen wird. Trotz der Lage in Dorsoduro, einem Viertel, das ein wenig abseits vom Zentrum liegt im Vergleich zu anderen wichtigen Sehenswürdigkeiten, ist es über Wasserbusse sehr gut angebunden.

395 **CASA BURANO**
Fondamenta
S. Caterina 3
(Rezeption)
Isola di Mazzorbo ⑨

Via Giudecca 139
(Zimmer)
Burano ⑨
+39 041 527 2281
casaburano.it

Die Zimmer dieses Hotels verteilen sich auf mehrere Häuser auf Burano, und zwar an den strategisch günstigsten Punkten der Insel. Das Frühstück kommt in hübschen Frühstückskörben, was es den Gästen ermöglicht, draußen zu essen, noch bevor die ersten Tagesbesucher auf die Insel kommen.

5 sehr
EXKLUSIVE HOTELS

396 **ISOLA SANTA CRISTINA**
Isola Santa Cristina ⑨
+ 39 342 779 1313
vovcollection.com

Es braucht nur drei Worte, um dieses Hotel zu beschreiben: streichelt die Seele. Diese Privatinsel mit Weinstöcken, Obstbäumen und Pfauen ist eine wahre Oase der Ruhe und kann auch komplett gemietet werden. Eine Nacht hier und alles, was Ihnen bis dahin auf der Seele lag, wird sich schon bald in Luft auflösen.

397 **HOTEL DANIELI**
Riva degli Schiavoni
Calle Seconda de
la Fava 4196
Castello ⑤
+39 041 522 6480
hoteldanieli.com

Das Danieli ist mehr als nur ein Hotel, es ist eine Legende. Seit dem 19. Jahrhundert steigen hier Persönlichkeiten ab wie Wagner, Ruskin, Montale, Debussy, Balzac und viele mehr. Es war bereits in zahlreichen Filmen und Romanen vertreten und gehört einfach zum romantischen Geflecht der Stadt. Heute ein Synonym für venezianischen Luxus und Eleganz.

398 **VENICE SIMPLON-ORIENT-EXPRESS**
Abfahrt: Stazione di
Venezia Santa Lucia
Santa Croce ③
+39 041 522 4624
belmond.com/experiences

Alle paar Jahre fährt in Santa Lucia ein Zug ein, der wirkt, als käme er direkt aus dem frühen 20. Jahrhundert: Der originalgetreu restaurierte Zug ist eine Hommage an die Zeit, als betuchte Reisende von Paris nach Istanbul fuhren. Heute kann man in einer luxuriösen Suite europäische Metropolen ansteuern und sich dabei rundum verwöhnen lassen.

399 **PALAZZO GRITTI**
Campo Santa Maria del Giglio 2467
San Marco ①
+39 041 794 611
thegrittipalace.com

Das in einem kürzlich restaurierten Palast aus dem 16. Jahrhundert untergebrachte Hotel bietet einen der schönsten Ausblicke auf den Canal Grande. Es verfügt über ein Restaurant mit Terrasse, eine Lounge, einen Beauty Spa und eine Kochschule.

400 **BELMOND HOTEL CIPRIANI**
Fondamenta San Giovanni 10
Giudecca ⑥
+39 041 240 801
belmond.com

Stellen Sie sich einen dieser schwül-heißen Tage vor, wie man sie nur in Venedig erleben kann: Was könnte besser sein, als in den großen Swimmingpool dieses Luxushotels zu springen und den Blick auf die Lagune zu genießen?

396 ISOLA SANTA CRISTINA

5 HOTELS MIT BEAUTY SPA

(auch) für Tagesgäste

401 **JW MARRIOTT VENICE RESORT & SPA**
Isola delle Rose ⑧
+39 041 852 1300
marriott.com

Ein magischer Ort mitten in der Lagune, umgeben von Stille und Beschaulichkeit. Dies ist es, was das Marriott Hotel seinen Gästen mit seinen neuen Beauty-Spa- und Wellnesseinrichtungen anbietet. Tagesgäste sind ebenfalls willkommen. Konsultieren Sie die Website zu den Preisen und Öffnungszeiten.

402 **HILTON MOLINO STUCKY VENICE**
Fondamenta San Biagio 810
Giudecca ⑥
+39 041 272 3311
hilton.com

Selbst wenn Sie selbst nicht im Hilton übernachten, können Sie trotzdem den Spa dort in Anspruch nehmen. Mit dem Kauf einer Eintrittskarte, die – bedenkt man das Angebot – gar nicht so teuer ist, haben Sie Zugriff auf die Sauna, das Türkische Bad, einen Whirlpool und einen Entspannungsbereich. Lassen Sie den Tag anschließend mit einem Aperitif auf der Dachterrasse ausklingen – ein magisches Erlebnis.

403 **HOTEL AI REALI DI VENEZIA**
Campo della Fava 5527
Castello ⑤
+39 041 241 0253
hotelaireali.com

Das Hotel Ai Reali befindet sich in einem historischen Gebäude und ist nur wenige Schritte von der Piazza San Marco entfernt. Der Spa hat nicht nur für Hotel-, sondern auch für Tagesgäste geöffnet, ist allerdings nicht besonders groß. Hier gibt es Schwimmbecken, eine Sauna und ein Türkisches Bad.

404 **NH COLLECTION VENEZIA MURANO VILLA**
Fondamenta Andrea Navagero 29
Murano ⑦
+39 041 273 1311
nh-hotels.com

Die ehemalige Glasmanufaktur Fornace de Majo, weltberühmt für ihre Kronleuchter, wurde erst vor Kurzem als NH Collection Venezia Murano Villa wiedereröffnet. Der hoteleigene Wellnessbereich wird, sobald die Pandemie abgeklungen ist, frei zugänglich sein. Bis dahin können Sie schon mal die herrliche Terrasse mit Lagunenblick besuchen.

405 **NH COLLECTION VENEZIA GRAND HOTEL PALAZZO DEI DOGI**
Fondamenta Madonna dell'Orto 3500
Cannaregio ④
+49 302 238 8599
nh-hotels.com

Der Wellnessbereich dieses eleganten Hotels teilt sich in zwei Bereiche auf: einen gefliesten Innenhof samt Außenbereich mit Garten zum Erholen sowie einen Innenbereich mit einem kleinen, gepflegten Türkischen Bad und einem Schwimmbad mit Whirlpool.

50 TIPPS FÜRS WOCHENENDE

Die 5 besten **STRÄNDE** *rund um Venedig*

406 **LIDO DI JESOLO**
Venedig Umland ⑩
jesolo.it

Bei einer Küstenlänge von 18 Kilometern kommt hier jeder auf seine Kosten: ideal für Familien, aber auch ein tolles Nachtleben für junge Leute. Von Venedig aus erreichen Sie Jesolo per Boot von Punta Sabbioni. Zum Strand geht es dann weiter mit dem Bus.

407 **LIDO DI VENEZIA**
Lido di Venezia ⑧
veneto.eu

Der Lido von Venedig ist der Strand, der der Stadt am nächsten liegt. Unter den vielen Strandbädern hier empfehlen wir die Bagni Alberoni, die sehr gut ausgestattet und komfortabel sind. Filmfans werden sich freuen zu hören, dass auf dem Lido im September immer das berühmte Filmfestival stattfindet.

408 **ERACLEA MARE**
Venedig Umland ⑩
comune.eraclea.ve.it

Eraclea Mare bietet endlos lange und gut ausgestattete Strände. Einige der Einrichtungen dort wie der Strand Mete eignen sich für Gäste mit Bewegungseinschränkungen. Hier gibt es sogar Rollstühle mit sandtauglichen Rädern, mit denen man ins Wasser gehen kann.

409 **CAORLE**
Venedig Umland ⑩
caorle.eu

Caorle bietet die perfekte Umgebung für Kinder, denn das seichte Wasser fällt nur langsam ab. Wenn Sie nach einer Alternative zum Strand suchen, mieten Sie sich doch ein Fahrrad und entdecken Sie im Inland die *casoni* (traditionelle Marschhäuser aus Holz und Schilf), machen Sie einen Spaziergang durch das Zentrum oder besuchen Sie die Kathedrale mit dem runden Glockenturm.

410 **CAVALLINO TREPORTI**
Venedig Umland ⑩
cavallino.info

Cavallino ist eine Landzunge, die in die Lagune und in die Adria ragt. Sie bietet um die 15 Kilometer Strand und jede Menge Kiefernwälder – perfekt für eine Fülle von Sportaktivitäten im Freien. Auf der Website finden Sie zahlreiche Vorschläge für Ausflüge zu Fuß, mit dem Boot oder mit dem Fahrrad.

5 HISTORISCHE STÄDTE
im Umkreis von Venedig

411 **TREVISO**
Venedig Umland ⑩
turismo.provincia. treviso.it

Laut Financial Times perfekt um dem Trubel und Lärm Venedigs zu entkommen. Besichtigen Sie auf einem Ausflug die kulturell interessante Altstadt, die Plätze, die Stadtbefestigung und die Kathedrale aus dem 12. Jahrhundert. Zum Abschluss können Sie sich dann noch wie ein echter Einheimischer einen Spritz auf der Piazza dei Signori genehmigen.

411 TREVISO

412 VICENZA
Venedig Umland ⑩
visitvicenza.org

Wenn Palladio und seine Kirche Il Redentore bei Ihnen einen bleibenden Eindruck hinterlassen haben, dann sollten Sie unbedingt auch Vicenza besichtigen, wo der Architekt noch viele weitere tolle Bauten errichtet hat. Besuchen Sie die Basilica Palladiana, das Teatro Olimpico, den Palazzo del Capitaniato und das, was schließlich zum Vorzeigeobjekt der Palladio-Villen in Venetien wurde: die Villa Almerico Capra, auch bekannt als »La Rotonda«.

413 CHIOGGIA
Venedig Umland ⑩
chioggia.org

Chioggia ist bekannt als das »Kleine Venedig«, denn auch hier gibt es Brücken und Kanäle. Die charmante Altstadt mit ihren vielen Sehenswürdigkeiten ist in der Tat einen Besuch wert. Nehmen Sie dazu den Wasserbus 11, der von der Piazza San Marco ablegt und über Pellestrina fährt.

414 ASOLO
Venedig Umland ⑩
veneto.eu

Asolo ist ein kleines, zeitloses Dorf in den Bergen Venetiens. Die Schauspielerin Eleonora Duse lebte in der »Stadt der 100 Horizonte«, wie der Dichter Carducci sie, wohl wegen der schönen Bergszenerie, nannte.

415 PADUA
Venedig Umland ⑩
turismopadova.it

Padua ist die älteste Universitätsstadt in der Region Venetien. Hier gibt es viele Architektur- und Kunstschönheiten zu entdecken. Schauen Sie sich auf jeden Fall Giottos Scrovegni-Kapelle an, eines der großen Malerei-Meisterwerke des 14. Jahrhunderts. Wegen des starken Andrangs unbedingt Tickets im Voraus reservieren!

5 ANTIQUITÄTEN-MÄRKTE *am Wochenende*

416 **MERCATINO ANTIQUARIATO CAMPO SAN MAURIZIO**
Campo San Maurizio
San Marco ①
+39 347 128 0848
mercatinocamposanmaurizio.it

Um das echte Leben in Venedig zu erfahren, erkunden Sie einen der vielen Flohmärkte der Stadt, zum Beispiel den in San Maurizio. Er wird auf einem hübschen Platz abgehalten und besteht aus überdachten Ständen, die Antiquitäten, venezianisches Kunsthandwerk und alle Arten von sonstigem Schnickschnack feilbieten. Leider findet er nur an fünf Sonntagen im Jahr statt.

417 **MERCATINO DEI MIRACOLI**
Campo Santa Maria Nova
Castello ⑤

Dieser tolle Flohmarkt befindet sich vor den Toren der wundervollen Kirche Santa Maria Nova. Hier finden Sie von jedem etwas, zum Beispiel Bücher, Sammlerobjekte und Comics. Der Markt findet an nur zehn Tagen im Jahr statt, die von der Stadtverwaltung festgelegt werden.

418 **MERCATINO »BRIC À BRAC«**
Corso del Popolo
Mestre ⑩

In Mestre gibt es ebenfalls einen guten Flohmarkt, der an jedem ersten Samstag im Monat stattfindet. Der Markt dauert den ganzen Tag und bietet 45 Stände mit Vintage-Kleidung, extravaganten Antiquitäten und Gebrauchtwaren.

419 MERCATINO DELLE ROBE DA MAR

Via Garibaldi
Castello ⑤
+39 041 271 0022

Dieser Markt ist perfekt für Sammler und Antiquitätenliebhaber. Er findet jedes Jahr im Oktober statt, und zwar in der einzigen richtigen Straße in Venedig – Via Garibaldi – und nicht in einer *calle*. Ein guter Grund, einen weniger von Touristen besuchten Teil der Stadt zu sehen.

420 MOSTRA-MERCATO DELL'ASSOCIAZIONE DEI CERAMISTI VENEZIANI »I BOCHALERI«

Viale Giuseppe Garibaldi 1257
Castello ⑤
bochaleri.it

Der Verein »I bochaleri«, der sich für den Erhalt der venezianischen Keramiktradition einsetzt, organisiert in seinen Räumlichkeiten Ausstellungen und Märkte mit den Werken seiner Mitglieder. Diese Veranstaltungen finden in der Regel um Weihnachten und im Frühjahr statt, aktuelle Termine finden Sie auf der Homepage.

416 MERCATINO ANTIQUARIATO CAMPO SAN MAURIZIO

5 Sehenswürdigkeiten auf MURANO

421 **CAM VETRI D'ARTE**
Piazzale Colonna 1/B
Murano ⑦
+39 041 739 944
cam-murano.com

So wie bei allen zeitlosen Gewerben überschreitet auch die Glasherstellung die Grenzen der Handwerkskunst und verwandelt sie somit in ein Ritual. In dieser Glasbläserei kann man den Meistern bei der Herstellung von Vasen oder kleinen Figuren zuschauen – die beste Art um zu erleben, welche Fingerfertigkeit hinter den Kunstwerken steckt.

422 **LA PERLA (AI BISATEI)**
Campo San Bernardo 7
Murano ⑦
+39 041 739 528

Ein rustikales Restaurant, das nur mittags geöffnet hat und traditionelle Köstlichkeiten serviert, darunter auch jede Menge Fisch. Sehr beliebt bei Einheimischen, die bei der Tischvergabe oftmals Vorzugsbehandlung genießen, aber das ist gleichzeitig auch ein Zeichen von Qualität. *Cicchetti* sind ebenfalls erhältlich, aber nur bis mittags. Dann wird das Mittagessen serviert.

423 **MUSEO DEL VETRO**
Fondamenta Marco Giustinian 8
Murano ⑦
+39 041 243 4914
museovetro.visitmuve.it

Dieses Museum im Palazzo Giustinian erzählt die Geschichte der Glasbläserei seit ihren Anfängen. Zu sehen sind leuchtend schöne Teile aus der römischen Antike, Kunst aus der Zeit der *Serenìsima repùblica* sowie einige überraschende Kreationen von heute.

424 VENINI SPA

Fondamenta dei Vetrai 47
Murano ⑦
+39 013 192 9875
venini.com

Wenn es um Glas und italienisches Design geht, dann ist Venini der Ort, wo beides zusammenkommt. Alle großen nationalen und internationalen Designer, Architekten und Künstler haben bereits mit dieser Marke zusammengearbeitet. Im Museum sehen Sie, neben vielen plastischen Werken, auch eine große Anzahl von Entwürfen und Zeichnungen sowie einige Prototypen, die es niemals in die Produktion geschafft haben.

425 GLASKATHEDRALE, EHEMALIGE KIRCHE SANTA CHIARA

Fondamenta Daniele Manin 1
Murano ⑦
+39 041 712 3808
santachiara murano.com

Die seit dem 13. Jahrhundert entweihte Kathedrale wurde umfassend restauriert und in ein spannendes Museum verwandelt, das die Geschichte des Muranoglases erzählt. Hier sieht man, wie Glas geblasen wird, und kann die Formen der prächtigen Kronleuchter und anderer farbenprächtiger Kreationen bewundern.

424 VENINI SPA

5 *Aktivitäten*
IN DER LAGUNE

426 **BOOTSAUSFLUG MIT DEN FISCHERN**
START: BURANO
Burano ⑨
+39 388 325 5635 (engl.)
pescaburano.it

Wenn Sie die Lagune wirklich kennenlernen und mehr erfahren möchten über die Geschichte und das Ökosystem, dann vertrauen Sie sich Domenico und Enrico an. Die beiden Fischer haben einen alten *bragozzo* der Familie (traditionelles Boot) wieder auf Vordermann gebracht und organisieren damit maßgeschneiderte Ausflüge. So gelangt man in entlegene Winkel der Lagune, die sonst nur erfahrene Segler zu Gesicht bekommen.

426 **BOOTSAUSFLUG MIT DEN FISCHERN**

427 PRIVATE TOUR

+39 388 325 5635
allisonzurfluh.ch

Allison liebt die Lagune über alles und kennt sie wie ihre Westentasche. Ihre Spezialität sind Führungen, die sich ganz nach den Wünschen der Kunden richten: Mit ihr erkundet man die authentischsten und unbekanntesten Orte Venedigs – abgestimmt auf den jeweiligen Kunden.

428 KREUZFAHRT IN DER LAGUNE IN EINEM BRAGOZZO

START: VIGNOLE
Venedig Umland ⑩
+39 349 743 1552
cruisingvenice.com

Gehen Sie an Bord eines *bragozzo* von 1946, genießen Sie vom Besitzer (einem Koch) zubereitete Köstlichkeiten und segeln Sie dabei in aller Ruhe über die Kanäle der Lagune. Außerdem inklusive: der Besuch der berühmtesten Inseln und abgeschiedener Orte wie beispielsweise der Festung Sant'Andrea.

429 FAHRRADFAHREN AUF DEM LIDO

Gran Viale S. Maria Elisabetta 79-A
Lido di Venezia ⑧
+39 041 526 1490
venicebikerental.com

Obwohl das Fahrradfahren im historischen Zentrum streng verboten ist, ist es möglich, auf den Inseln der Lagune eine Fahrradtour zu unternehmen. Der Lido eignet sich dazu ganz besonders, vor allem die *murrazi* (Sturmmauern zum Schutz der Lagune) sowie der Strand Alberoni. Fahrräder können vor Ort gemietet werden.

430 PASSEGGIATA PATRIMONIALE (GESCHICHTSRUNDGANG) IN MESTRE

Mestre ⑩
live.comune.venezia.it

Mestre, das Industrieviertel Venedigs, wird von Touristen oft übersehen. Dabei sind (historische) Rundgänge, organisiert von lokalen Experten, bei Einheimischen sehr beliebt und kostenlos. Sie finden meist am letzten Wochenende im September statt (Buchungen erbeten).

5 Attraktionen auf BURANO

431 **BRUCO E PUPA**
Via Giudecca 49
Burano ⑨
+39 389 108 4770

Dies ist kein Laden für billige, massenproduzierte Souvenirs. Der Besitzer des adretten Werkstattladens produziert farbenfrohe Tonhäuser und kostbare Seidenschals, die speziell behandelt werden. Alles hier ist schlicht und einfach einzigartig.

432 **TRATTORIA AL GATTO NERO**
Via Giudecca 88
Burano ⑨
+39 041 730 120
gattonero.com

Diese familiengeführte Trattoria serviert typische Gerichte aus Burano, zum Beispiel *risotto di gò* (ein winziger Fisch aus der Lagune) oder selbst gemachte Pasta mit *granzeola* (eine Art Krabbe). Chefkoch Ruggero Bovo ist fantastisch. Sein Sohn Massimiliano, ein zertifizierter Sommelier, managt den Speiseraum und kümmert sich um die Weinkarte – eine unschlagbare Kombo.

433 **EMILIA BURANO**
Piazza Baldassarre Galuppi 205
Burano ⑨
+39 041 934 5738
emiliaburano.it

Nicht nur ein Geschäft für Spitze und Textilien von unübertroffener Qualität, sondern auch ein kleines Museum, das Kleidungsstücke und Kostbarkeiten zeigt, die einfach preislos sind. Erfahren Sie mehr über die Geschichte der Familie und über die Generationen von Frauen, die über Jahrhunderte das Handwerk zur Kunstform erhoben haben.

434 MUSEO DEL MERLETTO / MUSEUM DER SPITZE

Piazza Baldassarre Galuppi 187
Burano ⑨
+39 041 730 034
museomerletto.visitmuve.it

In diesem kleinen Museum erfahren Sie mehr über die Geschichte der Spitze seit dem 16. Jahrhundert. Anhand der Stilformen lernt man die einzelnen Epochen dieses ausschließlich von Frauen ausgeübten Kunsthandwerks näher kennen. Am faszinierendsten ist aber wohl der Blick über die Schulter der Spitzennäherinnen bei der Arbeit.

435 SAN MARTINO VESCOVO

Piazza Baldassare Galuppi 20
Burano ⑨
+39 041 730 096

Den Glockenturm dieser Backsteinkirche kann man kaum übersehen, nicht nur, weil er von allen Ecken der Insel aus gut sichtbar ist, sondern auch, weil er so herrlich schief ist. Angeblich begann er sich schon während seiner Konstruktion zu neigen. Doch keine Sorge: Der Turm wurde stabilisiert und wird dauerhaft überwacht.

5 *weitere* **INSELN**, *die man sehen sollte*

436 **MAZZORBO**
Isola di Mazzorbo ⑨

Mazzorbo ist mit Burano über eine einzelne Holzbrücke namens Ponte Longo verbunden, von der aus man einen herrlichen Blick auf die Lagune hat. Seit Kurzem wird die lange verschollene Rebe Dorona wieder auf den Weingütern von Venissa angebaut, eine ganz besondere lokale Spezialität.

436 MAZZORBO

437 SAN FRANCESCO DEL DESERTO

San Francesco del Deserto ⑨

In dieser kleinen Oase der Franziskaner anzukommen ist beinahe so, als hätte man Zeit und Raum hinter sich gelassen. Der Name geht auf den heiligen Franziskus zurück, der die Abgeschiedenheit der Insel gepriesen haben soll. Am Wochenende kann man im Kloster übernachten.

438 LA CERTOSA

La Certosa ⑤

Mit ihren 22 Hektar ist Certosa eine der größten Inseln in der Lagune. Ein bemerkenswertes Naturreservat mit Dickichten aus Esche, Schwarz- und Silberpappeln. Vor Kurzem wurde hier ein neuer Hafen angelegt zusammen mit einem Dock, einer Segelschule und einer Werft.

439 SAN SERVOLO

San Servolo ⑧

Die Insel San Servolo wirkt ein wenig düster, daher erscheint es passend, dass sich hier einmal eine Irrenanstalt befand. Heute erwartet Sie jedoch ein kleines, interessantes »Museum der Verrücktheit«, eine spannende Alternative, wenn Sie Lust auf eine ausgefallenere Attraktion haben.

440 SANT'ERASMO

Sant'Erasmo ⑨

Historisch gesehen ist Sant'Erasmo der Gemüsegarten Venedigs. Die Insel folgt immer noch dem uralten Rhythmus der Landwirtschaft. Großstadthektik sucht man hier vergebens. Sie ist perfekt für einen Spaziergang in freier Natur und vielleicht auch für ein Picknick am kleinen Strand Bacan, der bei den Einheimischen sehr beliebt ist.

5 *erholsame* NATURRESERVATE *bei Venedig*

441 **OASI LIPU CA' ROMAN**
Pellestrina
Venedig Umland ⑩
+39 340 619 2175
lipuvenezia.it

Dank seiner Abgeschiedenheit stellt dieses kleine Reservat für eine Vielzahl von Arten einen außergewöhnlichen Lebensraum dar. Die Lage in der Lagune sowie an einem der wichtigsten Zugwege machen es perfekt für die Beobachtung von Vögeln. Entlang der Wanderwege stehen Hinweistafeln. Bootsausflüge dorthin finden im Mai und Oktober statt.

442 **WWF-OASE VALLE AVERTO**
Via Pignara 4
Campagna Lupia
Venedig Umland ⑩
+39 041 518 5068
wwf.it

Diese große Oase ist typisch für das ursprüngliche Aussehen der Lagune: Schilf und Marschland wechseln sich ab mit bewaldeten Gebieten. Ein Wildführer kann vieles über die Fauna und Flora dieser Gegend erklären. Jeden ersten und dritten Sonntag des Monats öffentlich zugänglich.

443 **BOSCO DELL'OSELLINO**
Via Amerigo Vespucci
Mestre ⑩
+39 041 535 2224

Der vom Bürgermeister am Stadtrand von Mestre angelegte, acht Hektar große Wald ist heute Heimat von 13.000 Pflanzen und 35 unterschiedlichen Tierarten. Es gibt einen Aussichtsturm, und die erhöhten Holzpfade sind für Kinderwagen und Rollstühle geeignet.

444 **BOSCO DEL PARAURO**
Via Parauro
Venedig Umland ⑩
+39 345 342 1353
napea.ve.it/bosco-del-parauro

Ein neu aufgeforstetes Waldstück auf einem Areal von rund 15 Hektar. Die Bäume sind Teil der lokalen Fauna, überwiegend Stieleichen. Ein 1.300 Meter langer Wanderweg schlängelt sich durch das Terrain. Leicht zugänglich und eine tolle Idee für einen entspannten Spaziergang.

445 **WWF-OASE ALBERONI-DÜNEN**
Piazzale Bagni Alberoni
Lido di Venezia ⑧
+39 348 268 6472
dunealberoni.it

Die Oase der Alberoni-Dünen liegt an der Südspitze des Lido. An diesem Küstenabschnitt siedeln zahlreiche unterschiedliche Vogelarten. Die Dünen sind mit trockenem Gras bedeckt. Die unbestrittenen Stars sind die Meeresschildkröten und der Seeregenpfeifer, ein kleiner Stelzvogel, der seine Eier direkt auf dem Sand ablegt.

443 BOSCO DELL'OSELLINO

5 ungewöhnliche Orte für

SPORT

446 **PISCINA COMUNALE DI SACCA FISOLA**

Sacca Fisola 1
Giudecca ⑥
+39 041 528 5430
rarinantesvenezia.it

Wenn Sie gerne ein paar Bahnen vor der Kulisse der Lagunenlandschaft schwimmen, sind Sie hier genau richtig. In dem gemeindeeigenen Hallenbad werden auch kostenlose Schwimmkurse für Kinder und Erwachsene angeboten.

447 **CIRCOLO GOLF VENEZIA**

Strada Vecchia 1
Lido di Venezia ⑧
+39 041 731 333
circologolfvenezia.it

Ein historischer Golfplatz mit 18 Löchern auf einem Areal von 100 Hektar, 1928 gegründet und damit der älteste der Region. Viele Champions haben hier bereits in der Vergangenheit gespielt, und zahlreiche Promis haben schon in der Bar einen Drink genossen.

448 **NORDIC WALKING VENEZIA SERENISSIMA**

Venedig und Inseln
+39 347 497 2383
nordicwalking veneziaserenissima.it

Wenn Sie kein eigenes Boot haben, dann ist vielleicht Nordic Walking eine gute Alternative, um fit zu bleiben und dabei die Schönheiten Venedigs zu erleben. Dieser Verein ist sehr aktiv und organisiert Trainingsrunden in verschiedenen Vierteln der Stadt sowie Ausflüge in die Lagune. Auf der Website gibt es weitere Informationen dazu.

449 **VENEZIA CERTOSA MARINA**
La Certosa ⑤
+39 041 520 8588
veneziacertosamarina.it

Der im neuen Dock von La Certosa eingerichtete Verein Vento di Venezia bietet Segelstunden für Erwachsene und Kinder sowie kleinere Törns und Segelabenteuer an. Auf der Insel gibt es auch noch andere interessante Angebote, beispielsweise einen Fahrrad- und Kajakverleih, ein Restaurant und ein Hotel.

450 **CAMPO BOCCE SAN SEBASTIANO**
Dorsoduro 2364
Dorsoduro ②
+39 041 275 0315
campobocce.it

Es ist gar nicht so einfach, den grünen Eingang zu finden, und man kann sich kaum vorstellen, dass sich dahinter ein historischer Boccia-Platz versteckt. Drei Plätze stehen den Mitgliedern zur Verfügung. Gäste sind aber jederzeit herzlich willkommen, die entspannte und zeitlose Atmosphäre des authentischen Venedigs bei einem oder zwei *ombre* zu genießen.

450 CAMPO BOCCE SAN SEBASTIANO

5 *Orte, die man auf* **TORCELLO** *besichtigen kann*

451 **PONTE DEL DIAVOLO / TEUFELSBRÜCKE**
Lungo la Strada dal Porticciolo / Piazza Principale di Torcello
Torcello ⑨

Um diese hübsche Backsteinbrücke rankt sich eine Legende, die alle Zutaten einer spannenden Geschichte enthält: zwei unglücklich Verliebte, eine Hexe, verlorene Seelen, eine schwarze Katze und – natürlich – der Teufel. Egal, ob Sie der Geschichte Glauben schenken oder nicht, es lohnt sich in jedem Fall, einmal über diese Brücke zu gehen.

452 **OSTERIA AL PONTE DEL DIAVOLO**
Fondamenta dei Borgognoni 10–11
Torcello ⑨
+39 041 730 401
osteriaalponte deldiavolo.com

Ein Zwischenstopp in diesem Restaurant ist eine ausgezeichnete Idee, besonders an einem heißen Sommertag. Der große Garten ist auch bei Kindern sehr beliebt. Die Küche serviert mediterranes Essen mit reichlich vor Ort gefangenem Fisch, sodass man davon ausgehen kann, dass alles hier superfrisch auf den Teller kommt.

453 CASA MUSEO ANDRICH

Fondamenta dei Borgognoni 4/L
Torcello ⑨
museoandrich.com

Lucio Andrich war ein Maler sowie der letzte Mosaikmeister an der Akademie der Schönen Künste in Venedig. Sein Wohnhaus wurde in ein Museum umgewandelt, das heute von seinem Neffen betrieben wird – ein einzigartiger Ort voller Kunst und Natur, wo man ganz wunderbar die Stille und die schöne Landschaft der Lagune genießen kann.

454 ATTILAS THRON

Fondamenta dei Borgognoni
Torcello ⑨

Auf dem Platz vor der Basilika Santa Maria Assunta befindet sich ein massiver Steinthron, der aus dem 5. Jahrhundert stammt. Auch wenn es Attila höchstwahrscheinlich niemals bis nach Venedig geschafft hat, stellt dieser Thron dennoch ein Symbol der Macht dar. So saß einst genau hier während der Ratsversammlungen der Gouverneur der Insel.

455 SANTA FOSCA

Fondamenta dei Borgognoni 24
Torcello ⑨

Die Anfänge der Kirche Santa Fosca, eines prächtigen kreisrunden Bauwerks, gehen wahrscheinlich auf das 12. Jahrhundert zurück. Der Portikus wird von Säulen getragen, die mit byzantinischen Kapitellen abschließen. Sie befindet sich neben der Basilika von Torcello. Hier scheint die Zeit stehen geblieben zu sein.

45 BUNT ZUSAMMENGEWÜRFELTE FAKTEN & KURIOSITÄTEN ZUR STADT

5 Sätze, die man zu einem Venezianer NIE SAGEN SOLLTE

456 **WO BITTE HÄLT DER BUS?**

Achtung: Der einzige Bereich im historischen Zentrum, wo Fahrzeuge (inklusive Fahrräder) erlaubt sind, ist der Piazzale Roma. Wer weiter will, muss auf die öffentlichen Verkehrsmittel zurückgreifen, sprich auf Wasserbusse und -taxen. Wenn Sie in Venedig ankommen, beachten Sie, dass nachts die Wasserbusse zwar immer noch verkehren, jedoch in weitaus größeren Abständen.

457 **WO IST DAS NÄCHSTE EINKAUFSZENTRUM?**

Es liegt in der Natur dieser einzigartigen Stadt, dass sie sich nicht mit der Hektik und Größe eines modernen Einkaufszentrums vereinbaren lässt. Was einem Einkaufszentrum vielleicht noch am nächsten kommt, ist der Fondaco dei Tedeschi. Trotzdem gibt es in Venedig keinen Mangel an hochwertigen Einkaufsmöglichkeiten.

458 **KANN ICH BITTE EINEN CAPPUCCINO HABEN (NACH DEM MITTAGESSEN)?**

Das mag jetzt vielleicht kleinlich klingen, aber die Venezianer – und Italiener – würden niemals nach dem Mittagessen einen Cappuccino bestellen. Stattdessen gibt es zahlreiche Alternativen wie *macchiato*, entkoffeinierten Kaffee, *corretto* (mit einem Schuss Grappa) und *ristretto*.

459 **WANN KOMMT DAS NÄCHSTE HOCHWASSER?**

Acqua alta, wie man es hier auch nennt, ist das Zusammenspiel aus Winden und den Gezeiten. Das bedeutet, dass es schwer ist, diesbezüglich Vorhersagen zu treffen. Trotzdem kann man auf die Wettervorhersage schauen und zahlreiche Apps konsultieren, damit man nicht völlig davon überrascht wird. Wenn Hochwasser droht, wird die lokale Bevölkerung per Sirene gewarnt.

460 **WO GIBT ES LASAGNE?**

Die korrekte Antwort lautet: in Bologna. Auch wenn kein Zweifel darüber besteht, dass Lasagne superlecker ist, hat sie dennoch nichts mit der venezianischen Küche zu tun. Wenn ein Restaurant dieses Gericht, genauso wie Pizza und Kotelett, auf der Karte stehen hat, kann man davon ausgehen, dass man dort keine authentische Küche serviert.

5 Tricks für
MOBILITÄT

461 **STÄDTEPASS VENEZIA UNICA**

veneziaunica.it

Auf der Website von Venezia Unica können Sie verschiedene Pässe für die öffentlichen Verkehrsmittel sowie für die einzelnen Museen kaufen. Gerade für den Nahverkehr ist so ein Pass anzuraten, selbst wenn Sie nur wenige Tage in Venedig einplanen: Einzelfahrscheine für die Wasserbusse sind enorm teuer.

462 **EINE GONDELFAHRT FÜR NUR 70 CENT**

Wollen Sie einmal erleben, wie es ist, mit einer Gondel zu fahren, aber dafür nicht gleich ein kleines Vermögen ausgeben? Die Gondelfähre *traghetto* bringt Sie von einer Seite des Canal Grande auf die andere – etwa nach Riva del Carbon, Santa Sofia oder San Samuele, und das zum sehr akzeptablen Preis von nur 70 Cent. Das gilt für Inhaber eines Venezia-Unica-Passes; sonst kostet die Fahrt zwei Euro. Bitte beachten, dass die Fähre immer Berufstätigen den Vortritt gibt.

463 VERBINDUNGEN ZUM FESTLAND

Es gibt mehr als eine Möglichkeit, von Mestre nach Venedig zu gelangen. Am einfachsten geht das mit dem Vorortzug (*regionale*), der regelmäßig und oft zwischen beiden Haltestellen verkehrt (ca. alle 15 Minuten). Alternativ fahren Busse ab dem Piazzale Roma, die an verschiedenen Stellen in Mestre stoppen.

464 WASSERTAXI

+39 041 240 6746
motoscafivenezia.it

Wenn Sie ein Taxi zum und vom Flughafen Marco Polo nehmen möchten, können Sie dies schon vorab bestellen. Auf der Website erhalten Sie fünf Prozent Rabatt. Der Durchschnittspreis vom Flughafen zum Bahnhof Santa Lucia beträgt für bis zu fünf Fahrgäste um die 110 Euro.

465 BOOT CHARTERN

Es gibt zahllose Inseln in der Lagune, viele davon größtenteils unbekannt. Einige Destinationen (siehe unsere Liste mit verlassenen Orten) können nicht mit dem Wasserbus erreicht werden. Warum nicht also ein Boot chartern, mit oder ohne Crew, und einen Trip in die unbekanntesten Ecken der Lagune unternehmen?

5 GARAGEN,

in denen man das Auto abstellen kann

466 **ASM AUTORIMESSA COMUNALE**
Piazzale Roma 496
Santa Croce ③
+39 041 272 2111
actv.avmspa.it

Dieses Parkhaus ist eines der größten am Piazzale Roma, aber wenn Sie die Stadt in der Hochsaison besuchen, ist es empfehlenswert, sich vorab einen Stellplatz zu reservieren. Der Tagespreis beträgt zwischen 23 und 29 Euro, je nach Fahrzeug. Für Menschen mit Behinderung ist das Parkhaus für die ersten zwölf Stunden kostenlos.

467 **VENEZIA TRONCHETTO PARKING**
Isola Nuova del Tronchetto 33/M
Santa Croce ③
+39 041 520 7555
veniceparking.it

Dieses Parkhaus auf Trochetto ist günstig gelegen, denn es befindet sich in unmittelbarer Nähe zum People-Mover, der Sie rasch nach Santa Croce und zur Vaporetto-Haltestelle für den Wasserbus zum Markusplatz bringt. Das Parkticket für den ganzen Tag kostet um die 21 Euro.

468 **PARCHEGGIO SABA STAZIONE VENEZIA MESTRE**

Viale Stazione 10
Mestre ⑩
+39 041 938 021
sabait.it

Wenn Sie einen ganzen Tag in Venedig verbringen möchten, ist das Parken in Mestre eine gute Alternative, denn die Preise sind hier günstiger als in Venedig (rund 16 Euro pro Tag). Die Züge fahren alle zehn Minuten ab Bahnhof Mestre nach Venedig Santa Lucia und der Fahrpreis beträgt nur wenige Euro.

469 **GARAGE EUROPA MESTRE**

Corso del Popolo 55
Mestre ⑩
+39 041 959 202
garageeuropa mestre.com

Da sich dieses Parkhaus in Mestre befindet, sind die Tarife auf jeden Fall günstiger als in der Stadt. Außerdem gibt es hier zusätzliche Dienstleistungen wie zum Beispiel eine Gepäckaufbewahrung oder einen Shuttleservice zu den Flughäfen von Venedig und Treviso.

470 **PARCHEGGIO S. ANDREA AVM**

Piazzale Roma
Santa Croce ③
+39 041 272 2384
avm.avmspa.it

Das Tolle an diesem Parkhaus ist, dass es sich mitten am Piazzale Roma befindet. Das bedeutet, dass Sie hier Ihr Fahrzeug abstellen, über die Ponte della Constituzione spazieren und direkt mit Ihrer Erkundungstour beginnen können. Aber beachten Sie dabei die hohen Preise: Alleine zwei Stunden kosten bereits sieben Euro.

5 bizarre

ORTSNAMEN

471 **SOTOPORTEGO DELLA SCRIMIA**
San Polo ③

Der Sotoportego della Scrimia war bis 1661 noch als Calle del Garotti bekannt. Der Name änderte sich aufgrund einer ansässigen Fechtschule, daher der Name *scrimia*, also »Schwertkunst«.

472 **FONDAMENTA DELLA STUA**
San Polo ③

Stua (im örtlichen Dialekt das Wort für Herd oder Heizofen) bezeichnet das Äquivalent eines modernen Schönheitssalons. Es waren also Orte, wo man ein Türkisches Bad nehmen oder Massagen erhalten konnte – ein beliebter Treffpunkt der Frauen, aber auch Schauplatz für die ein oder andere geheime Affäre.

473 **RIO TERÀ DEI ASSASSINI**
San Marco ①

Im Viertel San Marco, unweit des Campo Sant'Angelo: Der wenig beruhigende Name »früherer Kanal der Meuchelmörder« ist ein Hinweis auf die vielen Morde, die hier passiert sind, besonders des Nachts. Um das Problem einzudämmen, brachte die Stadt Venedig in dieser Straße eine Beleuchtung an.

474 **CALLE PARADISO**

San Polo ③

Ungeklärt ist, ob die »Paradiesstraße« ihren Namen von einer Adelsfamilie aus der Nachbarschaft hat oder von den farbenfrohen Dekorationen, die man hier zu Karfreitag anbrachte. Ein Bogen über der Straße erinnert an die Vermählung eines Foscari mit einer Mocenigo.

475 **PONTE DELLE TETTE**

San Polo ③

Ja, der Name dieser Brücke bedeutet genau das, was Sie sich jetzt wahrscheinlich gerade denken: die »Brücke der Titten«. Der gesamte Bereich des sogenannten *carampane* war früher das Rotlichtviertel. Von der Brücke aus konnten die Passanten die Frauen in den Fenstern begutachten, die ihre Brüste entblößten, um neue Kundschaft anzulocken.

473 RIO TERÀ DEI ASSASSINI

5 LITERARISCHE WERKE *über Venedig*

476 **DER TOD IN VENEDIG**
Thomas Mann

Thomas Manns Meisterwerk lässt die Atmosphäre der Stadt wunderbar wieder aufleben. So schreibt er, »daß zu Lande, auf dem Bahnhof in Venedig anlangen, einen Palast durch eine Hintertür betreten« heiße – etwas, das vielleicht jeder, der Venedig auf dem Seeweg, vielleicht über die Piazza San Marco, erreicht, wird bestätigen können.

477 **DAS FEUER**
Gabriele d'Annunzio

Lesen Sie *Das Feuer* von Gabriele d'Annunzio und sehen Sie Venedig durch dessen leidenschaftlichen Blick. Das Motiv des Übermenschen, das bei Nietzsche so prägnant ist und hier vom Autor neu verarbeitet wurde, ist ein herrliches Heraufbeschwören der Kultur und Geschichte dieser Stadt.

478 **DIE STEINE VON VENEDIG**
John Ruskin

John Ruskin war ein führender Kunstkritiker und Maler, der im 19. Jahrhundert großen Einfluss hatte. Sein Buch ist eine wahre Liebeserklärung an Venedig und die Architektur der Stadt. Sein Wirken half, einen neuen Ansatz für die moderne Restaurationskunst zu entwickeln.

479 **VENEDIG IST EIN FISCH**
Tiziano Scarpa

Tiziano Scarpa ist ein italienischer Schriftsteller und Dramaturg. In Venedig geboren und aufgewachsen, hat er eine Geschichte mit neun Kapiteln speziell über seine Stadt verfasst. Jedes Kapitel nimmt Bezug auf einen Teil des Körpers. Die Atmosphäre, die er heraufbeschwört, hat weniger zu tun mit tatsächlichen Orten als mit menschlichen Erfahrungen.

480 **WENN VENEDIG STIRBT**
Salvatore Settis

Das Ökosystem Venedigs ist empfindlich und befindet sich aufgrund von Überbevölkerung und dem Verkauf historischer Gebäude an Investoren aus Übersee in akuter Gefahr. In dieser leicht verständlichen und inspirierenden Streitschrift befasst sich Salvatore Settis mit den Veränderungen der Stadt, die auf wirtschaftliche Faktoren zurückzuführen sind. Eine wichtige Lektüre für kritische Besucher.

5 *mysteriöse* ESOTERISCHE SYMBOLE

481 LA MADDALENA
Campiello Maddalena 2205 Cannaregio ④

In dieser Kirche finden sich viele unterschiedliche Hinweise, die auf eine Verbindung zu den Freimaurern hindeuten. Der auffälligste ist das Auge im Dreieck direkt über dem Eingang. Das Giebeldreieck zeigt eine lateinische Inschrift, die sich grob übersetzen lässt mit »Weisheit wurde erbaut«, eine erstaunlich weltliche Sichtweise für eine katholische Kirche. Ein ungewöhnlicher christlicher Bezug oder doch Freimaurersymbolik?

482 SANT'APONAL
Calle Sbianchesini 1135 San Polo ③

Einigen Quellen zufolge war die Kirche von Sant'Aponal ab 1515 der Sitz der Freimaurer. Der Bildhauer und Architekt Pietro Lombardo hatte hier ein Stück Land am Fuße des Glockenturms erstanden. Die Aktivitäten der Bruderschaft wurden bis 1686 fortgeführt, das Jahr, in dem Venedig ihre Aktivitäten schließlich unterband.

483 PALAZZO PISANI

Campiello Pisani 2810
San Marco ①
+39 041 522 5604
conservatorio venezia.net

Die kürzlich vorgenommene Restaurierung des Palazzo Pisani brachte in einem unscheinbaren Lagerraum eine Wohnung mit sieben Zimmern zutage, die wahrscheinlich einst ein Treffpunkt der Freimaurerloge gewesen ist. Heute befindet sich in dem Gebäude das Benedetto-Marcello-Konservatorium. Die renovierten Zimmer werden für das Musikmuseum genutzt.

484 SCUOLA GRANDE DI SAN ROCCO

Calle Fianco de la Scuola 311
San Polo ③
+39 041 523 4864
scuolagrande sanrocco.org

Das kleine, mysteriöse Symbol, das in einen Stein links vom Eingang eingeritzt ist, ist ein kaum zu übersehendes, offenes Geheimnis, die Deutung ist jedoch nicht endgültig geklärt. Die einen vermuten, dass es sich dabei um ein symbolisches Mühlespiel handelt, andere sehen darin ein esoterisches Zeichen dreier ineinander verschachtelter Quadrate.

485 CA' LEZZE

Fondamenta Misericordia 3597
Cannaregio ④

Der Palazzo Lezze aus dem 14. Jahrhundert ist nur ein Beispiel des Schaffens von Architekt Baldassare Longhena. Auf der Fassade, neben den Balkonen, sieht man ein paar Basreliefs mit Symbolen, die sich mit der alchemistischen Verwandlung befassen. Darunter sind Bilder von Tieren, die die verschiedenen Stadien der Materie bis zur Weißung repräsentieren.

5 *nützliche*
APPS & WEBSITES

486 **CAMMINANDOA VENEZIA.COM**

Eine hilfreiche Website, die verschiedene interaktive Routen vorschlägt. Entscheiden Sie sich einfach für einen Startpunkt, zum Beispiel den Bahnhof, die Rialtobrücke, die Punta della Dogana oder vieles mehr. Dann wählen Sie die Art von historischen Sehenswürdigkeiten, die Sie interessieren, und los geht's!

487 **TURISMOVENEZIA.IT**

Das Tourismusportal der Provinz Venedig bietet alle Informationen über die Region, darunter auch kulturelle Initiativen und Kulinarik. Der Abschnitt mit möglichen Rundgängen in Venedig umfasst barrierefreie Routen, die auch von Rollstuhlfahrern genutzt werden können.

488 **COMUNE.VENEZIA.IT**

Die Website der Stadt Venedig ist nützlich, wenn man über Kultur- und Sportveranstaltungen auf dem Laufenden gehalten werden möchte. Hier finden Sie auch wichtige Informationen wie Änderungen bei Nahverkehrsverbindungen, Streiks, den Gezeitenstand und die Wahrscheinlichkeit von *acqua alta*.

489 **GIARDINI-VENEZIA.IT**

Venedig verfügt über wunderschöne historische Gärten, viele davon sind jedoch versteckt oder nicht frei zugänglich. Der Wigwam Club Giardini Storici Venezia wurde daher gegründet, um diese ganz spezielle Facette Venedigs besser zugänglich zu machen. Auf der Website finden Sie Infos zu Rundgängen und anderen Aktivitäten.

490 **CHORUS VENEZIA.ORG**

Es wird geschätzt, dass es 148 Kirchen in Venedig gibt. Die Kunstwerke, die sich darin befinden, sind von unschätzbarem Wert. Wenn Sie jede einzelne davon bestaunen möchten, besuchen Sie am besten die Website von Chorus Venezia, wo Sie Kombitickets für mehrere Kirchen und Rundgänge erhalten.

5 MARATHON-VERANSTALTUNGEN
in Venedig

491 **VENICE MARATHON**
huaweivenice marathon.it

Venicemarathon organisiert eine Reihe von Wettbewerben und Fun-Runs, darunter auch einen 42-Kilometer-Marathon von der Riviera del Brenta bis nach Venedig. Außerdem gibt es ein Zehn-Kilometer-Rennen, an dem jeder teilnehmen kann. Dieses ist deckungsgleich mit dem letzten Abschnitt der Marathonstrecke.

492 **5.30 VENEZIA**
run530.com

Der Verband 5.30 entwickelt in verschiedenen italienischen Städten Laufstrecken frei von Wettbewerbsgedanken, sondern vielmehr mit dem Ziel, einen gesunden Lebensstil zu fördern. Der Lauf startet um 5:30 Uhr an einem Werktag und ist 5,3 Kilometer lang. In Venedig findet er meist irgendwann im Juli statt.

493 **SU E ZO PER I PONTI / DIE BRÜCKEN RAUF UND RUNTER**

suezo.it

Su e zo ist ein Spaziergang für jedermann. Er findet üblicherweise im April statt und zieht immer viele Teilnehmer an. Diese folgen dabei zwei verschiedenen Routen von jeweils sechs beziehungsweise zwölf Kilometern, die sich quer durch die Stadt und über die Brücken ziehen und jeweils am Markusplatz enden.

494 **QUASI NIGHT RUN**

runningclub veneziaasd.it

Der Running Club Venezia wurde von einer Freundesgruppe ins Leben gerufen, die ihre Laufleidenschaft gern mit der ganzen Welt teilen möchte. Jedes Jahr findet daher ein »Quasi-Nachtlauf« statt, eine Art Fun-Run ab Sonnenuntergang, der an vielen bekannten venezianischen Sehenswürdigkeiten vorbeiführt.

495 **VENICE NIGHT TRAIL**

venicenighttrail.it

Der Venice Night Trail findet im April statt, und zwar in der reizenden Atmosphäre der historischen Altstadt, die sich nachts völlig anders anfühlt und auch anders aussieht. Die Strecke führt über einen 16-Kilometer-Rundlauf mit Start- und Endpunkt in San Basilio. Dabei überquert man 51 Brücken.

5

GLÜCKSBRINGER

496 **ANTONIO RIOBAS NASE**
Campo dei Mori
Cannaregio ④

An der Ecke des Palazzo Mastrelli sehen Sie drei Statuen. Der Legende nach handelte es sich dabei um drei Brüder, betrügerische Kaufleute, die wegen ihrer Vergehen in Stein verwandelt wurden. Seit die Nase von einem der Kaufleute durch eine Stahlnase ersetzt wurde, haben die Menschen in Venedig begonnen, an ihr zu reiben, so als brächte ihnen das Glück.

497 **ROTES BACKSTEINHERZ**
IN: SOTOPORTEGO DEI PRETI
Salizada del Pignater
Castello ⑤

Das rote Backsteinherz in einem der Bögen im Sotoportego dei Preti erinnert an die Liebe des Fischersmanns Orion für die Sirene Melusine. Wenn ein Liebespaar, so die Legende, dieses Herz berührt, dann soll ihm ein Wunsch in Erfüllung gehen.

498 **HANDGRIFFE DER BRÜCKE VON SAN CANZIAN**
Sotoportego del Traghetto
Cannaregio ④
Castello ⑤

Direkt hinter der Ponte San Canzian finden Sie den Sotoportego del Traghetto, der Inschriften aus der Risorgimento-Periode (1815–1870) trägt, die mit der italienischen Einheit endete. Hier sehen Sie auch die »Handgriffe«, die als Doppelanker bekannt sind. Man sagt, sie zu berühren bringe Glück, Wohlstand und sogar Fruchtbarkeit.

499 **ZWEI SÄULEN AUF DEM PIAZZA SAN MARCO**

Piazza San Marco
San Marco ①

Die zwei Säulen aus rosafarbenem Marmor und Granit markieren den Rand eines der schönsten Plätze der Welt. Wenn man jedoch den Einheimischen Glauben schenken darf, so bringt das Durchschreiten dieser Pfeiler Unglück, denn hier fanden früher öffentliche Hinrichtungen statt … also vielleicht doch lieber einen Bogen darum machen!

500 **SAN MOISÈ**

Campo San Moisè 1390/A
San Marco ①

In der Kirche von San Moisé finden Sie die sterblichen Überreste von John Law, dem Erfinder der Banknote. Das Reiben der Türmatte am Eingang soll angeblich helfen, dem finanziellen Geschick eine vorteilhafte Wendung zu geben.

REGISTER

IMPRESSUM

DEUTSCHE AUSGABE © 2024, 2022 BRUCKMANN VERLAG GMBH,
INFANTERIESTRASSE 11A, 80797 MÜNCHEN

AUTORIN – Anna Sardi

LAYOUT – Joke Gossé and doublebill.design

FOTOS – Corrado Piccoli – www.corradopiccoli.com

COVERFOTO – Shutterstock – philip openshaw

DEUTSCHE ÜBERSETZUNG – Silke Elzner, Stefanie Adam

PROJEKTLEITUNG – Claudia Hohdorf, Maren Langendorff

SATZ – BUCHFLINK Rüdiger Wagner, Stefanie Adam

LEKTORAT – Helga Peterz, Kristof Kurz

KORREKTORAT – Viola Siegemund

HERSTELLUNG – Alexander Knoll

Printed in Türkiye by Elma Basim

ISBN 978-3-7343-1842-9

lusterweb.com – the500hiddensecrets.com – info@lusterweb.com

Die Deutsche Nationalbibliothek verzeichnet diese Publikation in der Deutschen Nationalbibliografie; detaillierte bibliografische Daten sind im Internet über http://dnb.d-nb.de abrufbar.